晋纪三十七 起屠维作噩，尽上章阉茂，凡二年。

安皇帝庚

义熙五年（己酉，公元四〇九年）

春，正月，庚寅朔，南燕主超朝会群臣，叹太乐不备，议掠晋人以补伎。领军将军韩谆曰：「先帝以旧京倾覆，戢翼三齐。陛下不养士息民，以伺魏衅，恢复先业，而更侵掠南邻以广仇敌，可乎！」超曰：「我计已定，不与卿言。」

辛卯，大赦。

庚戌，以刘毅为卫将军、开府仪同三司。毅爱才好士，当世名流莫不辐凑，独扬州主簿吴郡张卲不往。或问之，卲曰：「主公命世人杰，何烦多问！」

秦王兴遣其弟平北将军冲、征虏将军狄伯支等帅骑四万击夏王勃勃。冲至岭北，谋还袭长安，伯支不从而止；因酖杀伯支以灭口。

秦王兴遣使册拜谯纵为大都督、相国、蜀王，加九锡，承制封拜，悉如王者之仪。

二月，南燕将慕容兴宗、斛谷提、公孙归等帅骑寇宿豫，拔之，大掠而去，简男女二千五百付太乐教之。归，五楼之兄也。是时，五楼为侍中、尚书、领左卫将军，专总朝政，宗亲并居显要，三公内外无不惮之。南燕主超论宿豫之功，封斛谷提等并为郡、县公。桂林王镇谏曰：「此数人者，勤民顿兵，为国结怨，何功而封？」超怒，不答。尚书都令史王俨谄事五楼，比岁屡迁，官至左丞。国人为之语曰：「欲得侯，事五楼。」超又遣公孙归等寇济南，俘男女千余人而去。自彭城以南，民皆堡聚以自固。诏并州刺史刘道怜镇淮阴以备之。

乞伏炽磐入见秦太原公懿于上邽，彭奚念乘虚伐之。炽磐闻之，怒，不告懿而归，击奚念，破之，遂围枹罕。乞伏乾归从秦王兴如平凉；炽磐克枹罕，遣人告乾归，乾归逃还苑川。

冯翊人刘厥聚众数千，据万年作乱，秦太子泓遣镇军将军彭白狼帅东宫禁兵讨之，斩厥，赦其余党。诸将请露布，表言广其首级。泓不许，曰：「主上委吾后事，不能式遏寇逆，当责躬请罪，尚敢矜诞自为功乎！」

秦王兴自平凉如朝那，闻姚冲之谋，赐冲死。

三月，刘裕抗表伐南燕，朝议皆以为不可，惟左仆射孟昶、车骑司马谢裕、参军臧熹以为必克，劝裕行。裕以昶监中军留府事。谢裕，安之兄孙也。

初，苻氏之败也，王猛之孙镇恶来奔，以为临澧令。镇恶骑乘非长，关弓甚弱，而

有谋略，善果断，喜论军国大事。或荐镇恶于刘裕，裕与语，说之，因留宿。明旦，谓参佐曰：『吾闻将门有将，镇恶信然。』即以为中军参军。

恒山崩。

夏，四月，乞伏乾归如枹罕，留世子炽磐镇之，收其众得二万，徙都度坚山。

雷震魏天安殿东序。魏主珪恶之，命左校以冲车攻东、西序，皆毁之。初，珪服寒食散，久之，药发，性多躁扰，忿怒无常，至是寖剧。又灾异数见，占者多言当有急变生肘腋。珪忧懑不安，或数日不食，或达旦不寐，追计平生成败得失，独语不止。疑群臣左右皆不可信，每百官奏事至前，追记其旧恶，辄杀之；其馀或颜色变动，或鼻息不调，或步趋失节，或言辞差缪，皆以为怀恶在心，发形于外，往往手击杀之，死者皆陈天安殿前。朝廷人不自保，百官苟免，莫相督摄；盗贼公行，里巷之间，人为希少。珪亦知之，曰：『朕故纵之使然，待过灾年，更当清治之耳。』是时，群臣畏罪，多不敢求亲近，唯著作郎崔浩恭勤不懈，或终日不归。浩，吏部尚书宏之子也。宏未尝忤旨，亦不谄谀，故宏父子独不被谴。

夏王勃勃率骑二万攻秦，掠取平凉杂胡七千馀户，进屯依力川。

己巳，刘裕发建康，帅舟师自淮入泗。五月，至下邳，留船舰、辎重，步进至琅邪。所过皆筑城，留兵守之。或谓裕曰：『燕人若塞大岘之险，或坚壁清野，大军深入，不唯无功，将不能自归，奈何？』裕曰：『吾虑之熟矣。鲜卑贪婪，不知远计，进利虏获，退惜禾苗，谓我孤军远入，不能持久，不过进据临朐，退守广固，必不能守险清野，敢为诸君保之。』

南燕主超闻有晋师，引群臣会议。征虏将军公孙五楼曰：『吴兵轻果，利在速战，不可争锋。宜据大岘，使不得入，旷日延时，沮其锐气，然后徐简精骑二千，循海而南，绝其粮道，别敕段晖帅兖州之众，缘山东下，腹背击之，此上策也。各命守宰依险自固，校其资储之外，馀悉焚荡，芟除禾苗，使敌无所资，彼侨军无食，求战不得，旬月之间，可以坐制，此中策也。纵贼入岘，出城逆战，此下策也。』超曰：『今岁星居齐，以天道推之，不战自克。客主势殊，以人事言之，彼远来疲弊，势不能久。吾据五州之地，拥富庶之民，铁骑万群，麦禾布野，奈何芟苗徙民，先自蹙弱乎！不如纵使入岘，以精骑蹂之，何忧不克！』辅国将军广宁王贺赖卢苦谏不从，退谓五楼曰：『必若此，亡无日矣！』太尉桂林王镇曰：『陛下必以骑兵利平地者，宜出岘逆战，战而不胜，犹可退守，不宜纵敌入岘，自弃险固也。』超不从。镇出，谓韩谆曰：『主上既不能逆战却敌，又不肯徙民清野，延敌入腹，坐待攻围，酷似刘璋矣。今年国灭，吾必死

之。卿中华之士，复为文身矣。」超闻之，大怒，收镇下狱。乃摄莒、梁父二戍，修城隍，简士马，以待之。

刘裕过大岘，燕兵不出。裕举手指天，喜形于色。左右曰：「公未见敌而先喜，何也？」裕曰：「兵已过险，士有必死之志；馀粮栖亩，人无匮乏之忧。虏已入吾掌中矣。」六月，己巳，裕至东莞。超先遣公孙五楼、贺赖卢及左将军段晖等，将步骑五万屯临朐，闻晋兵入岘，自将步骑四万往就之，使五楼帅骑进据巨蔑水。前锋孟龙符与战，破之，五楼退走。裕以车四千乘为左右翼，方轨徐进，与燕兵战于临朐南，日向昃，胜负犹未决。参军胡藩言于裕曰：「燕悉兵出战，临朐城中留守必寡，愿以奇兵从间道取其城，此韩信所以破赵也。」裕遣藩及谘议参军檀韶、建威将军河内向弥潜师出燕兵之后，攻临朐，声言轻兵自海道至矣，向弥擐甲先登，遂克之。超大惊，单骑就段晖于城南。裕因纵兵奋击，燕众大败，斩段晖等大将十馀人，超遁还广固，获其玉玺、辇及豹尾。裕乘胜逐北至广固，丙子，克其大城。超收众入保小城。裕筑长围守之，围高三丈，穿堑三重；抚纳降附，采拔贤俊，华、夷大悦。于是因齐地粮储，悉停江、淮漕运。

超遣尚书郎张纲乞师于秦，赦桂林王镇，以为录尚书、都督中外诸军事，引见，谢之，且问计焉。镇曰：「百姓之心，系于一人。今陛下亲董六师，奔败而还。群臣离心，士民丧气。闻秦人自有内患，恐不暇分兵救人。散卒还者尚有数万，宜悉出金帛以饵之，更决一战。若天命助我，必能破敌；如其不然，死亦为美，比于闭门待尽，不犹愈乎！」司徒乐浪王惠曰：「不然。晋兵乘胜，气势百倍，我以败军之卒当之，不亦难乎！秦虽与勃勃相持，不足为患；且与我分据中原，势如唇齿，安得不来相救！但不遣大臣则不能得重兵，尚书令韩范为燕、秦所重，宜遣乞师。」超从之。

秋，七月，加刘裕北青、冀二州刺史。

南燕尚书略阳垣尊及弟京兆太守苗逾城来降，裕以为行参军。尊、苗皆超所委任以为腹心者也。

或谓裕曰：「张纲有巧思，若得纲使为攻具，广固必可拔也。」会纲自长安还，太山太守申宣执之，送于裕。裕升纲于楼车，使周城呼曰：「刘勃勃大破秦军，无兵相救。」城中莫不失色。江南每发兵及遣使者至广固，裕辄潜遣兵夜迎之，明日，张旗鸣鼓而至，北方之民执兵负粮归裕者，日以千数。围城益急，张华、封恺皆为裕所获，超请割大岘以南地为藩臣，裕不许。

秦王兴遣使谓裕曰：「慕容氏相与邻好，今晋攻之急，秦已遣铁骑十万屯洛阳；晋

军不还，当长驱而进。」裕呼秦使者谓曰：「语汝姚兴：我克燕之后，息兵三年，当取关、洛。今能自送，便可速来！」刘穆之闻有秦使，驰入见裕，而秦使者已去。裕以所言告穆之，穆之尤之曰：「常日事无大小，必赐预谋，此宜善详，云何遽尔答之！此语不足以威敌，适足以怒之。若广固未下，羌寇奄至，不审何以待之？」裕笑曰：「此是兵机，非卿所解，故不相语耳。夫兵贵神速，彼若审能赴救，必畏我知，宁容先遣信命，逆设此言！是自张大之辞也。晋师不出，为日久矣。羌见伐齐，殆将内惧。自保不暇，何能救人邪！」

乞伏乾归复即秦王位，大赦，改元更始，公卿以下皆复本位。

慕容氏在魏者百馀家，谋逃去，魏主珪尽杀之。

初，魏太尉穆崇与卫王仪伏甲谋弑魏主珪，不果；珪惜崇、仪之功，秘而不问。及珪有疾，多杀大臣，仪自疑而出亡，追获之。八月，赐仪死。

封融诣刘裕降。

九月，加刘裕太尉，裕固辞。

秦王兴自将击夏王勃勃，至贰城，遣安远将军姚详等分督租运。勃勃乘虚奄至，兴惧，欲轻骑就详等。右仆射韦华曰：「若銮舆一动，众心骇惧，必不战自溃，详营亦未必可至也。」兴与勃勃战，秦兵大败，将军姚榆生为勃勃所禽，左将军姚文宗等力战，勃勃乃退，兴还长安。勃勃复攻秦敕奇堡、黄石固、我罗城，皆拔之，徙七千馀家于大城，以其丞相右地代领幽州牧以镇之。

初，兴遣卫将军姚强帅步骑一万，随韩范往就姚绍于洛阳，并兵以救南燕，及为勃勃所败，追强兵还长安。韩范叹曰：「天灭燕矣！」南燕尚书张俊自长安还，降于刘裕，因说裕曰：「燕人所恃者，谓韩范必能致秦师也，今得范以示之，燕必降矣。」裕乃表范为散骑常侍，且以书招之。长水校尉王蒲劝范奔秦，范曰：「刘裕起布衣，灭桓玄，复晋室；今兴师伐燕，所向崩溃，此殆天授，非人力也。燕亡，则秦为之次矣，吾不可以再辱。」遂降于裕。裕将范循城，城中人情离沮。或劝燕主超诛范家，超以范弟谌尽忠无贰，并范家赦之。

冬，十月，段宏自魏奔于裕。

张纲为裕造攻具，尽诸奇巧。超怒，县其母于城上，支解之。

西秦王乾归立夫人边氏为王后，世子炽磐为太子，仍命炽磐都督中外诸军、录尚书事。以屋引破光为河州刺史，镇枹罕；以南安焦遗为太子太师，与参军国大谋。乾归曰：「焦生非特名儒，乃王佐之才也。」谓炽磐曰：「汝事之当如事吾。」炽磐拜遗于床

下。遗子华至孝，乾归欲以女妻之，辞曰：『凡娶妻者，欲与之共事二亲也。今以王姬之贵，下嫁蓬茅之士，诚非其匹，臣惧其阙于中馈，非所愿也。』乾归曰：『卿之所行，古人之事，孤女不足以强卿。』乃以为尚书民部郎。

北燕王云自以无功德而居大位，内怀危惧，常畜养壮士以为腹心爪牙。宠臣离班、桃仁专典禁卫，赏赐以巨万计，衣食起居皆与之同，而班、仁志愿无厌，犹有怨憾。戊辰，云临东堂，班、仁怀剑执纸而入，称有所启。班抽剑击云，云以几扞之，仁从旁击云，弑之。

冯跋升洪光门以观变，帐下督张泰、李桑言于跋曰：『此竖势何所至，请为公斩之！』乃奋剑而下，桑斩班于西门，泰杀仁于庭中。众推跋为主，跋以让其弟范阳公素弗，素弗不可。跋乃即天王位于昌黎，大赦，诏曰：『陈氏代姜，不改齐国。宜即国号曰燕。』改元太平，谥云曰惠懿皇帝。跋尊母张氏为太后，立妻孙氏为王后，子永为太子，以范阳公素弗为车骑大将军、录尚书事，孙护为尚书令，张兴为左仆射，汲郡公弘为右仆射，广川公万泥为幽、平二州牧，上谷公乳陈为并、青二州牧。素弗少豪侠放荡，尝请婚于尚书左丞韩业，业拒之。及为宰辅，待业尤厚。好申拔旧门，谦恭俭约，以身帅下，百僚惮之，论者美其有宰相之度。

魏主珪将立齐王嗣为太子。魏故事，凡立嗣子，辄先杀其母，乃赐嗣母刘贵人死。珪召嗣谕之曰：『汉武帝杀钩弋夫人，以防母后预政，外家为乱也。汝当继统，吾故远迹古人，为国家长久之计耳。』嗣性孝，哀泣不自胜。珪怒之。嗣还舍，日夜号泣，珪知而复召之。左右曰：『上怒甚，入将不测，不如且避之，俟上怒解而入。』嗣乃逃匿于外，惟帐下代人车路头、京兆王洛儿二人随之。

初，珪如贺兰部，见献明贺太后之妹美，言于贺太后，请纳之。贺太后曰：『不可。是过美，必有不善。且已有夫，不可夺也。』珪密令人杀其夫而纳之，生清河王绍。绍凶很无赖，好轻游里巷，劫剥行人以为乐。珪怒之，尝倒悬井中，垂死，乃出之。齐王嗣屡诲责之，绍由是与嗣不协。

戊辰，珪谴责贺夫人，囚，将杀之。会日暮，未决。夫人密使告绍曰：『汝何以救我？』左右以珪残忍，人人危惧。绍年十六，夜，与帐下及宦者宫人数人通谋，逾垣入宫，至天安殿。左右呼曰：『贼至！』珪惊起，求弓刀不获，遂弑之。

己巳，宫门至日中不开。绍称诏，集百官于端门前，北面立。绍从门扉间谓百官曰：『我有叔父，亦有兄，公卿欲从谁？』众愕然失色，莫有对者。良久，南平公长孙嵩曰：『从王。』众乃知宫车晏驾，而不测其故，莫敢出声，唯阴平公烈大哭而去。烈，

朔，遣将军于栗磾将骑一万讨不从命者，所向皆平。

南燕贺赖卢、公孙五楼为地道出击晋兵，不能却。城久闭，城中男女病脚弱者太半，出降者相继。超辇而登城，尚书悦寿说超曰：『今天助寇为虐，战士凋瘁，独守穷城，绝望外援，天时人事亦可知矣。苟历数有终，尧、舜避位，陛下岂可不思变通之计乎！』超叹曰：『废兴，命也。吾宁奋剑而死，不能衔璧而生！』

丁亥，刘裕悉众攻城。或曰：『今日往亡，不利行师。』裕曰：『我往彼亡，何为不利！』四面急攻之。悦寿开门纳晋师，超与左右数十骑逾城突围出走，追获之。裕数以不降之罪，超神色自若，一无所言，惟以母托刘敬宣而已。裕忿广固久不下，欲尽坑之，以妻女以赏将士。韩范谏曰：『晋室南迁，中原鼎沸，士民无援，强则附之，既为君臣，必须为之尽力。彼皆衣冠旧族，先帝遗民；今王师吊伐而尽坑之，使安所归乎！窃恐西北之人无复来苏之望矣。』裕改容谢之，然犹斩王公以下三千人，没入家口万馀，夷其城隍，送超诣建康，斩之。

臣光曰：晋自济江以来，威灵不竞，戎狄横骛，虎噬中原。刘裕始以王师翦平东夏，不于此际旌礼贤俊，慰抚疲民，宣恺悌之风，涤残秽之政，使群士向风，遗黎企踵，而更恣行屠戮以快忿心。迹其施设，曾苻、姚之不如，宜其不能荡壹四海，成美大之业，岂非虽有智勇而无仁义使之然哉！

初，徐道覆闻刘裕北伐，劝卢循乘虚袭建康，循不从。道覆自至番禺说循曰：『本住岭外，岂以理极于此，传之子孙邪？正以刘裕难与为敌故也。今裕顿兵坚城之下，未有还期，我以此思归死士掩击何、刘之徒，如反掌耳。不乘此机，而苟求一日之安，朝廷常以君为腹心之疾；若裕平齐之后，息甲岁馀，以玺书征君，裕自将屯豫章，遣诸将帅锐师过岭，虽复以将军之神武，恐必不能当也。今日之机，万不可失。若先克建康，倾其根蒂，裕虽南还，无能为也。君若不同，便当帅始兴之众直指寻阳。』循甚不乐此举，而无以夺其计，乃从之。

初，道覆使人伐船材于南康山，至始兴，贱卖之，居人争市之，船材大积而人不疑，至是，悉取以装舰，旬日而办。循自始兴寇长沙，道覆寇南康、庐陵、豫章，诸守相皆委任奔走。道覆顺流而下，舟械甚盛。

时克燕之问未至，朝廷急征刘裕。裕方议留镇下邳，经营司、雍，会得诏书，乃以韩范为都督八郡军事、燕郡太守，封融为勃海太守，檀韶为琅邪太守，戊申，引兵还。韶，祗之兄也。久之，刘穆之称范、融谋反，皆杀之。

安成忠肃公何无忌自寻阳引兵拒卢循。长史邓潜之谏曰：『国家安危，在此一举。

仪之弟也。于是朝野恟恟，人怀异志。肥如侯贺护举烽于安阳城北，贺兰部人皆赴之，其馀诸部亦各屯聚。绍闻人情不安，大出布帛赐王公以下，崔宏独不受。

齐王嗣闻变，乃自外还，昼伏匿山中，夜宿王洛儿家。洛儿邻人李道潜奉给嗣，民间颇知之，喜而相告；绍闻之，收道，斩之。绍募人求访嗣，欲杀之。猎郎叔孙俊与宗室疏属拓跋磨浑自云知嗣所在，绍使帐下二人与之偕往；俊、磨浑得出，即执帐下诣嗣，斩之。俊，建之子也。王洛儿为嗣往来平城，通问大臣，夜，告安远将军安同等。众闻之，翕然响应，争出奉迎。嗣至城西，卫士执绍送之。嗣杀绍及其母贺氏，并诛绍帐下及宦官宫人为内应者十馀人。其先犯乘舆者，群臣脔食之。

壬申，嗣即皇帝位，大赦，改元永兴。追尊刘贵人曰宣穆皇后，公卿先罢归第不预朝政者，悉召用之。诏长孙嵩与北新侯安同、山阳侯奚斤、白马侯崔宏、元城侯拓跋屈等八人坐止车门右，共听朝政，时人谓之八公。屈，磨浑之父也。嗣以尚书燕凤逮事什翼犍使与都坐大官封懿等入侍讲论，出议政事。以王洛儿、车路头为散骑常侍，叔孙俊为卫将军，拓跋磨浑为尚书，皆赐爵郡、县公。嗣问旧臣为先帝所亲信者为谁，王洛儿言李先。嗣召问先：『卿以何才何功为先帝所知？』对曰：『臣不才无功，但以忠直为先帝所知耳。』诏以先为安东将军，常宿于内，以备顾问。

朱提王悦，虔之子也，有罪，自疑惧。闰十一月，丁亥，悦怀匕首入侍，将作乱。叔孙俊觉其举止有异，引手掣之，索怀中，得匕首，遂杀之。

十二月，乙巳，太白犯虚、危。南燕灵台令张光劝南燕主超出降，超手杀之。

柔然侵魏。

六年（庚戌，公元四一〇年）

春，正月，甲寅朔，南燕主超登天门，朝群臣于城上。乙卯，超与宠姬魏夫人登城，见晋兵之盛，握手对泣。韩谆谏曰：『陛下遭堙厄之运，正当努力自强以壮士民之志，而更为儿女子泣邪！』超拭目谢之。尚书令董诜劝超降，超怒，囚之。

魏长孙嵩将兵伐柔然。

魏主嗣以郡县豪右多为民患，悉以优诏征之。民恋土不乐内徙，长吏逼遣之，于是无赖少年逃亡相聚，所在寇盗群起。嗣引八公议之曰：『朕欲为民除蠹，而守宰不能绥抚，使之纷乱。今犯者既众，不可尽诛，吾欲大赦以安之，何如？』元城侯屈曰：『民逃亡为盗，不罪而赦之，是为上者反求于下也，不如诛其首恶，赦其馀党。』崔宏曰：『圣王之御民，务在安之而已，不与之较胜负也。夫赦虽非正，可以行权。屈欲先诛后赦，要为两不能去，曷若一赦而遂定乎！赦而不从，诛未晚也。』嗣从之。二月，癸未

闻循兵舰大盛。势居上流，宜决南塘，守二城以待之，彼必不敢舍我远下。蓄力养锐，俟其疲老，然后击之，此万全之策也。今决成败于一战，万一失利，悔将无及！』参军殷阐曰：『循所将之众皆三吴旧贼，百战馀勇，始兴溪子，拳捷善斗，未易轻也。将军宜留屯豫章，征兵属城，兵至合战，未为晚也。若以此众轻进，殆必有悔。』无忌不听。三月，壬申，与徐道覆遇于豫章，贼令强弩数百登西岸小山邀射之。会西风暴急，飘无忌所乘小舰向东岸，贼乘风以大舰逼之，众遂奔溃。无忌厉声曰：『取我苏武节来！』节至，执以督战。贼众云集，无忌辞色无挠，握节而死。于是中外震骇，朝议欲奉乘舆北走就刘裕；既而知贼未至，乃止。

西秦王乾归攻秦金城郡，拔之。

夏王勃勃遣尚书胡金纂攻平凉。秦王兴救平凉，击金纂，杀之。勃勃又遣兄子左将军罗提攻拔定阳，坑将士四千馀人。秦将曹炽、曹云、王肆佛等各将数千户内徙，兴处之湟山及陈仓。勃勃寇陇右，破白崖堡，遂趣清水，略阳太守姚寿都弃城走，勃勃徙其民万六千户于大城。兴自安定追之，至寿渠川，不及而还。

初，南凉王傉檀遣左将军枯木等伐沮渠蒙逊，掠临松千馀户而还。蒙逊伐南凉，至显美，徙数千户而去。南凉太尉俱延复伐蒙逊，大败而归。是月，傉檀自将五万骑伐蒙逊，战于穷泉，傉檀大败，单马奔还。蒙逊乘胜进围姑臧，姑臧人惩王钟之诛，皆惊溃，夷、夏万馀户降于蒙逊。傉檀惧，遣司隶校尉敬归及子佗为质于蒙逊以请和，蒙逊许之。归至胡坑，逃还，佗为追兵所执，蒙逊徙其众八千馀户而去。右卫将军折掘奇镇据石驴山以叛。傉檀畏蒙逊之逼，且惧岭南为奇镇所据，乃迁于乐都，留大司农成公绪守姑臧。傉檀才出城，魏安人侯谌等闭门作乱，收合三千馀家，据南城，推焦朗为大都督、龙骧大将军，谌自称凉州刺史，降于蒙逊。

刘裕至下邳，以船载辎重，自帅精锐步归。至山阳，闻何无忌败死，虑京邑失守，卷甲兼行，与数十人至淮上，问行人以朝廷消息，行人曰：『贼尚未至，刘公若还，便无所忧。』裕大喜。将济江，风急，众咸难之。裕曰：『若天命助国，风当自息；若其不然，覆溺何害！』即命登舟，舟移而风止。过江，至京口，众乃大安。夏，四月，癸未，裕至建康。以江州覆没，表送章绶，诏不许。

青州刺史诸葛长民、兖州刺史刘藩、并州刺史刘道怜各将兵入卫建康。藩，豫州刺史毅之从弟也。毅闻卢循入寇，将拒之，而疾作；既瘳，将行。刘裕遗毅书曰：『吾往习击妖贼，晓其变态。贼新获奸利，其锋不可轻。今修船垂毕，当与弟同举。克平之日，上流之任，皆以相委。』又遣刘藩往谕止之。毅怒，谓藩曰：『往以一时之功相推

耳，汝便谓我真不及刘裕邪！』投书于地，帅舟师二万发姑孰。

循之初入寇也，使徐道覆向寻阳，循自将攻湘中诸郡。荆州刺史刘道规遣军逆战，败于长沙。循进至巴陵，将向江陵。徐道覆闻毅将至，驰使报循曰：『毅兵甚盛，成败之事，系之于此，宜并力摧之。若此克捷，江陵不足忧也。』循即日发巴陵，与道覆合兵而下。五月，戊午，毅与循战于桑落洲，毅兵大败，弃船，以数百人步走，馀众皆为循所虏，所弃辎重山积。

初，循至寻阳，闻裕已还，犹不信；既破毅，乃得审问，与其党相视失色。循欲退还寻阳，攻取江陵，据二州以抗朝廷。道覆谓宜乘胜径进，固争之。循犹豫累日，乃从之。

己未，大赦。裕募人为兵，赏之同京口赴义之科。发民治石头城。议者谓宜分兵守诸津要，裕曰：『贼众我寡，若分兵屯守，则测人虚实；且一处失利，则沮三军之心。今聚众石头，随宜应赴，既令彼无以测多少，又于众力不分。若徒旅转集，徐更论之耳。』

朝廷闻刘毅败，人情恟惧。时北师始还，将士多创病，建康战士不盈数千。循既克二镇，战士十馀万，舟车百里不绝，楼船高十二丈，败还者争言其强盛。孟昶、诸葛长民欲奉乘舆过江，裕不听。初，何无忌、刘毅之南讨也，昶策其必败，已而果然。至是，又谓裕必不能抗循，众颇信之。惟龙骧将军东海虞丘进廷折昶等，以为不然。中兵参军王仲德言于裕曰：『明公命世作辅，新建大功，威震六合，妖贼乘虚入寇，既闻凯还，自当奔溃。若先自遁逃，则势同匹夫，匹夫号令，何以威物！此谋若立，请从此辞。』裕甚悦。昶固请不已，裕曰：『今重镇外倾，强寇内逼，人情危骇，莫有固志；若一旦迁动，便自土崩瓦解，江北亦岂可得至！设令得至，不过延日月耳。今兵士虽少，自足一战。若其克济，则臣主同休；苟厄运必至，我当横尸庙门，遂其由来以身许国之志，不能窜伏草间苟求存活也。我计决矣，卿勿复言！』昶恚其言不行，且以为必败，因请死。裕怒曰：『卿且申一战，死复何晚！』昶知裕终不用其言，乃抗表自陈曰：『臣裕北讨，众并不同，唯臣赞裕行计，致使强贼乘间，社稷危逼，臣之罪也。谨引咎以谢天下！』封表毕，仰药而死。

乙丑，卢循至淮口，中外戒严。琅邪王德文都督宫城诸军事，屯中堂皇，刘裕屯石头，诸将各有屯守。裕子义隆始四岁，裕使咨议参军刘粹辅之，镇京口。粹，毅之族弟也。

裕见民临水望贼，怪之，以问参军张劭，劭曰：『若节钺未反，民奔散之不暇，亦

何能观望？今当无复恐耳。』裕谓将佐曰：『贼若于新亭直进，其锋不可当，宜且回避，胜负之事未可量也；若回泊西岸，此成禽耳。』

徐道覆请于新亭至白石焚舟而上，数道攻裕。循欲以万全为计，谓道覆曰：『大军未至，孟昶便望风自裁；以大势言之，自当计日溃乱。今决胜负于一朝，乾没求利，既非必克之道，且杀伤士卒，不如按兵待之。』道覆以循多疑少决，乃叹曰：『我终为卢公所误，事必无成；使我得为英雄驱驰，天下不足定也。』

裕登石头城望循军，初见引向新亭，顾左右失色；既而回泊蔡洲，乃悦。于是众军转集。裕恐循侵轶，用虞丘进计，伐树栅石头淮口，修治越城，筑查浦、药园、廷尉三垒，皆以兵守之。

刘毅经涉蛮、晋，仅能自免，从者饥疲，死亡什七八。丙寅，至建康，待罪。裕慰勉之，使知中外留事。毅乞自贬，诏降为后将军。

魏长孙嵩至漠北而还，柔然追围之于牛川。壬申，魏主嗣北击柔然。柔然可汗社仑闻之，遁走，道死；其子度拔尚幼，部众立社仑弟斛律，号蔼苦盖可汗。嗣引兵还参合陂。

卢循伏兵南岸，使老弱乘舟向白石，声言悉众自白石步上。刘裕留参军沈林子、徐赤特戍南岸，断查浦，戒令坚守勿动；裕及刘毅、诸葛长民北出拒之。林子曰：『妖贼此言，未必有实，宜深为之防。』裕曰：『石头城险，且淮栅甚固，留卿在后，足以守之。』林子，穆夫之子也。

庚辰，卢循焚查浦，进至张侯桥。徐赤特将击之，林子曰：『贼声往白石而屡来挑战，其情可知。吾众寡不敌，不如守险以待大军。』赤特不从，遂出战，伏兵发，赤特大败，单舸奔淮北。林子及将军刘钟据栅力战，朱龄石救之，贼乃退。循引精兵大上，至丹阳郡。裕帅诸军驰还石头，斩徐赤特，解甲。久之，乃出陈于南塘。

六月，以刘裕为太尉、中书监，加黄钺；裕受黄钺，馀固辞。以车骑中军司马庾悦为江州刺史。悦，准之子也。

司马国璠及弟叔璠、叔道奔秦。秦王兴曰：『刘裕方诛桓玄，辅晋室，卿何为来？』对曰：『裕削弱王室，臣宗族有自修立者，裕辄除之。方为国患，甚于桓玄耳。』兴以国璠为扬州刺史，叔道为交州刺史。

卢循寇掠诸县无所得，谓徐道覆曰：『师老矣，不如还寻阳，并力取荆州，据天下三分之二，徐更与建康争衡耳。』秋，七月，庚申，循自蔡洲南还寻阳，留其党范崇民将五千人据南陵。甲子，裕使辅国将军王仲德、广川太守刘钟、河间内史兰陵蒯恩、中

军咨议参军孟怀玉等帅众追循。

乙丑，魏主嗣还平城。

西秦王乾归讨越质屈机等十馀部，降其众二万五千，徙于苑川。八月，乾归复都苑川。

沮渠蒙逊伐西凉，败西凉世子歆于马庙，禽其将朱元虎而还。凉公暠以银二千斤、金二千两赎元虎；蒙逊归之，遂与暠结盟而还。

刘裕还东府，大治水军，遣建威将军会稽孙处、振武将军沈田子帅众三千自海道袭番禺。田子，林子之兄也。众皆以为『海道艰远，必至为难，且分撤见力，非目前之急。』裕不从，敕处曰：『大军十二月之交必破妖虏，卿至时，先倾其巢窟，使彼走无所归也。』

谯纵遣侍中谯良等入见于秦，请兵以伐晋。纵以桓谦为荆州刺史，谯道福为梁州刺史，帅众二万寇荆州；秦王兴遣前将军苟林帅骑兵会之。

江陵自卢循东下，不得建康之问，群盗互起。荆州刺史刘道规遣司马王镇之帅天门太守檀道济、广武将军彭城到彦之入援建康。道济，祗之弟也。

镇之至寻阳，为苟林所破。卢循闻之，以林为南蛮校尉，分兵配之，使乘胜伐江陵，声言徐道覆已克建康。桓谦于道召募义旧，民投之者二万人。谦屯枝江，林屯江津，二寇交逼，江陵士民多怀异心。道规乃会将士告之曰：『桓谦今在近道，闻诸长者颇有去就之计，吾东来文武足以济事，若欲去者，本不相禁。』因夜开城门，达晓不闭。众咸惮服，莫有去者。

雍州刺史鲁宗之帅众数千自襄阳赴江陵。或谓宗之情未可测，道规单马迎之，宗之感悦。道规使宗之居守，委以腹心，自帅诸军攻谦。诸将佐皆曰：『今远出讨谦，其胜难必。苟林近在江津，伺人动静，若来攻城，宗之未必能固；脱有蹉跌，大事去矣。』道规曰：『苟林愚懦，无他奇计，以吾去未远，必不敢向城。吾今取谦，往至便克；沈疑之间，已自还返。谦败则林破胆，岂暇得来！且宗之独守，何为不支数日！』乃驰往攻谦，水陆齐进。谦等大陈舟师，兼以步骑，战于枝江。檀道济先进陷陈，谦等大败。谦单舸奔苟林，道规追斩之。还，至涌口，讨林，林走，道规遣咨议参军临淮刘遵帅众追之。初，谦至枝江，江陵士民皆与谦书，言城内虚实，欲为内应；至是检得之，道规悉焚不视，众于是大安。

江州刺史庾悦以鄱阳太守虞丘进为前驱，屡破卢循兵，进据豫章，绝循粮道。九月，刘遵斩苟林于巴陵。

桓石绥因循入寇，起兵洛口，自号荆州刺史，征阳令王天恩自号梁州刺史，袭据西城。梁州刺史傅韶遣其子魏兴太守弘之讨石绥等，皆斩之，桓氏遂灭。韶，畅之孙也。

西秦王乾归攻秦略阳、南安、陇西诸郡，皆克之，徙民二万五千户于苑川及枹罕。

甲寅，葬魏主珪于盛乐金陵，谥曰宣武，庙号烈祖。

刘毅固求追讨卢循，长史王诞密言于刘裕曰：『毅既丧败，不宜复使立功。』裕从之。冬，十月，裕帅兖州刺史刘藩、宁朔将军檀韶、冠军将军刘敬宣等南击卢循，以刘毅监太尉留府，后事皆委焉。癸巳，裕发建康。

徐道覆率众三万趣江陵，奄至破冢。时鲁宗之已还襄阳，追召不及，人情大震。或传循已平京邑，遣道覆来为刺史，江、汉士民感刘道规焚书之恩，无复贰志。道规使刘遵别为游军，自拒道覆豫章口，前驱失利；遵自外横击，大破之，斩首万余级，赴水死者殆尽。道覆单舸走还湓口。初，道规使遵为游军，众咸以为强敌在前，唯患众少，不应分割见力，置无用之地。及破道覆，卒得游军之力，众心乃服。

鲜卑仆浑、羌句岂、输报、邓若等帅户二万降于西秦。

王仲德等闻刘裕大军且至，进攻范崇民于南陵，崇民战舰夹屯两岸。十一月，刘钟自行觇贼，天雾，贼钩得其舸。钟因帅左右攻舰户，贼遽闭户拒之。钟乃徐还，与仲德共攻崇民，崇民走。

癸丑，益州刺史鲍陋卒。谯道福陷巴东，杀守将温祚、时延祖。

卢循兵守广州者不以海道为虞。庚戌，孙处乘海奄至，会大雾，四面攻之，即日拔其城。处抚其旧民，戮循亲党，勒兵谨守，分遣沈田子等击岭表诸郡。

刘裕军雷池，卢循扬声不攻雷池，当乘流径下。裕知其欲战，十二月，己卯，进军大雷。庚辰，卢循、徐道覆帅众数万塞江而下，前后莫见舳舻之际。裕悉出轻舰，帅众军齐力击之；又分步骑屯于西岸，先备火具。裕以劲弩射循军，因风水之势以蹙之。循舰悉泊西岸，岸上军投火焚之，烟炎涨天。循兵大败，走还寻阳；将趣豫章，乃悉力栅断左里。丙申，裕军至左里，不得进。裕麾兵将战，所执麾竿折，幡沉于水，众并怪惧。裕笑曰：『往年覆舟之战，幡竿亦折，今者复然，贼必破矣。』即攻栅而进。循兵虽殊死战，弗能禁。循单舸走，所杀及投水死者凡万余人。纳其降附，宥其逼略，遣刘藩、孟怀玉轻军追之。循收散卒，尚有数千人，径还番禺；道覆走保始兴。裕版建威将军褚裕之行广州刺史。裕之，裒之曾孙也。裕还建康。刘毅恶刘穆之，每从容与裕言穆之权太重，裕益亲任之。

燕广川公万泥、上谷公乳陈，自以宗室，有大功，谓当入为公辅。燕王跋以二藩任重，久而弗征，二人皆怨。是岁，乳陈密遣人告万泥曰：『乳陈有至谋，愿与叔父图

之。」万泥遂奔白狼，与乳陈俱叛，跋遣汲郡公弘与张兴将步骑二万讨之。弘先遣使谕以祸福；万泥欲降，乳陈不可。兴谓弘曰：「贼明日出战，今夜必来惊我营，宜为之备。」弘乃密令人课草十束，畜火伏兵以待之。是夜，乳陈果遣壮士千馀人来斫营，众火俱起，伏兵邀击，俘斩无遗。万泥、乳陈惧而出降，弘皆斩之。跋以范阳公素弗为大司马，改封辽西公；弘为骠骑大将军，改封中山公。

晋纪三十八 起重光大渊献，尽阏逢摄提格，凡四年。

安皇帝辛

义熙七年（辛亥，公元四一一年）

春，正月，己未，刘裕还建康。

秦广平公弼有宠于秦王兴，为雍州刺史，镇安定。姜纪谄附于弼，劝弼结兴左右以求入朝。兴征弼为尚书令、侍中、大将军。弼遂倾身结纳朝士，收采名势，以倾东宫；国人恶之。会兴以西北多叛乱，欲命重将镇抚之；陇东太守郭播请使弼出镇，兴不从，以太常索稜为太尉、领陇西内史，使招抚西秦。西秦王乾归遣使送所掠守宰，谢罪请降。兴遣鸿胪拜乾归都督陇西、岭北、匈奴、杂胡诸军事、征西大将军、河州牧、单于、河南王，太子炽磐为镇西将军、左贤王、平昌公。

兴命群臣搜举贤才。右仆射梁喜曰：『臣累受诏而未得其人，可谓世之乏才。』兴曰：『自古帝王之兴，未尝取相于昔人，待将于将来，随时任才，皆能致治。卿自识拔不明，岂得远诬四海乎！』群臣咸悦。

秦姚详屯杏城，为夏王勃勃所逼，南奔大苏；勃勃遣平东将军鹿弈干追斩之，尽俘

其众。勃勃南攻安定，破尚书杨佛嵩于青石北原，降其众四万五千；进攻东乡，下之，徙三千馀户于贰城。秦镇北参军王买德奔夏，夏王勃勃问以灭秦之策，买德曰：『秦德虽衰，藩镇犹固，愿且蓄力以待之。』勃勃以买德为军师中郎将。秦王兴遣卫大将军常山公显迎姚详，弗及，遂屯杏城。

刘藩帅孟怀玉等诸将追卢循至岭表，二月，壬午，怀玉克始兴，斩徐道覆。

河南王乾归徙鲜卑仆浑部三千馀户于度坚城，以子敕勃为秦兴太守以镇之。

焦朗犹据姑臧，沮渠蒙逊攻拔其城，执朗而宥之；以其弟挐为秦州刺史，镇姑臧。遂伐南凉，围乐都。三旬不克；南凉王傉檀以子安周为质，乃还。

吐谷浑树洛干伐南凉，败南凉太子虎台。

南凉王傉檀欲复伐沮渠蒙逊，邯川护军孟恺谏曰：『蒙逊新并姑臧，凶势方盛，不可攻也。』傉檀不从，五道俱进，至番禾、苕藋，掠五千馀户而还。将军屈右曰：『今既获利，宜倍道旋师，早度险阨。蒙逊善用兵，若轻军猝至，大敌外逼，徙户内叛，此危道也。』卫尉伊力延曰：『彼步我骑，势不相及。今倍道而归则示弱，且捐弃资财，非计也。』俄而昏雾风雨，蒙逊兵大至，傉檀败走。蒙逊进围乐都，傉檀婴城固守，以子染干为质以请和，蒙逊乃还。

三月，刘裕始受太尉、中书监，以刘穆之为太尉司马，陈郡殷景仁为行参军。裕问穆之曰：『孟昶参佐谁堪入我府者？』穆之举前建威中兵参军谢晦。晦，安兄据之曾孙也，裕即命为参军。裕尝讯囚，其旦，刑狱参军有疾，以晦代之；于车中一览讯牒，催促便下。相府多事，狱系殷积，晦随问酬辨，曾无违谬；裕由是奇之，即日署刑狱贼曹。晦美风姿，善言笑，博赡多通，裕深加赏爱。

卢循行收兵至番禺，遂围之。孙处拒守二十余日。沈田子言于刘藩曰：『番禺城虽险固，本贼之巢穴；今循围之，或有内变。且孙季高众力寡弱，不能持久，若使贼还据广州，凶势复振矣。』夏，四月，田子引兵救番禺，击循，破之，所杀万余人。循走，田子与处共追之，又破循于苍梧、郁林、宁浦。会处病，不能进，循奔交州。

初，九真太守李逊作乱，交州刺史交趾杜瑗讨斩之。瑗卒，朝廷以其子慧度为交州刺史。诏书未至，循袭破合浦，径向交州；慧度帅州府文武拒循于石碕，破之，循余众犹三千人，李逊余党李脱等结集俚獠五千余人以应循。庚子，循晨至龙编南津；慧度悉散家财以赏军士，与循合战，掷雉尾炬焚其舰，以步兵夹岸射之，循众舰俱然，兵众大溃。循知不免，先鸩妻子，召妓妾问曰：『谁能从我死者？』多云：『雀鼠贪生，就死实难。』或云：『官尚当死，某岂愿生！』乃悉杀诸辞死者，因自投于水。慧度取其尸斩

之，并其父子及李脱等，函七首送建康。

初，刘毅在京口，贫困，与知识射于东堂。庾悦为司徒右长史，后至，夺其射堂；众人皆避之，毅独不去。悦厨馔甚盛，不以及毅；毅从悦求子鹅炙，悦怒不与，毅由是衔之。至是，毅求兼督江州，诏许之，因奏称：『江州内地，以治民为职，不当置军府凋耗民力，宜罢军府移镇豫章；而寻阳接蛮，可即州府千兵以助郡戍。』于是解悦都督、将军官，以刺史镇豫章。毅以亲将赵恢领千兵守寻阳；悦府文武三千悉入毅府，符摄严峻。悦忿惧，至豫章，疽发背卒。

河南王乾归徙羌句岂等部众五千余户于叠兰城，以兄子阿柴为兴国太守以镇之。五月，复以子木弈干为武威太守，镇嵻崀城。

丁卯，魏主嗣谒金陵，山阳侯奚斤居守。昌黎王慕容伯儿谋反；己巳，奚斤并其党收斩之。

秋，七月，燕王跋以太子永领大单于，置四辅。柔然可汗斛律遣使献马三千匹于跋，求娶跋女乐浪公主。跋命群臣议之。辽西公素弗曰：『前世皆以宗女妻六夷，宜许以妃嫔之女，乐浪公主不宜下降非类。』跋曰：『朕方崇信殊俗，奈何欺之！』乃以乐浪公主妻之。

跋勤于政事，劝课农桑，省徭役，薄赋敛；每遣守宰，必亲引见，问为政之要，以观其能。燕人悦之。

河南王乾归遣平昌公炽磐及中军将军审虔伐南凉。审虔，乾归之子也。八月，炽磐兵济河，南凉王傉檀遣太子虎台逆战于岭南。南凉兵败，虏牛马十馀万而还。

沮渠蒙逊帅轻骑袭西凉，西凉公暠曰：「兵有不战而败敌者，挫其锐也。蒙逊新与吾盟，而遽来袭我，我闭门不与战，待其锐气竭而击之，蔑不克矣。」顷之，蒙逊粮尽而归，暠遣世子歆帅骑七千邀击之，蒙逊大败，获其将沮渠百年。

河南王乾归攻秦略阳太守姚龙于柏阳堡，克之。冬，十一月，进攻南平太守王憬于水洛城，又克之，徙民三千馀户于谭郊。遣乞伏审虔帅众二万城谭郊。十二月，西羌彭利发袭据枹罕，自称大将军、河州牧，乾归讨之，不克。

是岁，并州刺史刘道怜为北徐刺史，移镇彭城。

八年（壬子，公元四一二年）

春，正月，河南王乾归复讨彭利发，至奴葵谷，利发弃众南走，乾归遣振威将军乞伏公府追至清水，斩之，收羌户一万三千，以乞伏审虔为河州刺史镇枹罕而还。

二月，丙子，以吴兴太守孔靖为尚书右仆射。

河南王乾归徙都谭郊，命平昌公炽磐镇苑川。乾归击吐谷浑阿若干于赤水，降之。

夏，四月，刘道规以疾求归，许之。道规在荆州累年，秋毫无犯。及归，府库帷幕，俨然若旧。随身甲士二人迁席于舟中，道规刑之于市。

以后将军豫州刺史刘毅为卫将军、都督荆、宁、秦、雍四州诸军事、荆州刺史。毅谓左卫将军刘敬宣曰：「吾忝西任，欲屈卿为长史南蛮，岂有见辅意乎？」敬宣惧，以告太尉裕。裕笑曰：「但令老兄平安，必无过虑。」

毅性刚愎，自谓建义之功与裕相埒，深自矜伐，虽权事推裕而心不服。及居方岳，常怏怏不得志。裕每柔而顺之，毅骄纵滋甚，尝云：「恨不遇刘、项，与之争中原！」及败于桑落，知物情已去，弥复愤激。裕素不学，而毅颇涉文雅，故朝士有清望者多归之，与尚书仆射谢混、丹阳尹郗僧施，深相凭结。僧施，超之从子也。毅既据上流，阴有图裕之志，求兼督交、广二州，裕许之。毅又奏以郗僧施为南蛮校尉后军司马，毛修之为南郡太守，裕亦许之，以刘穆之代僧施为丹阳尹。毅表求至京口辞墓，裕往会之于倪塘。宁远将军胡藩言于裕曰：「公谓刘卫军终能为公下乎？」裕默然，久之，曰：「卿谓何如？」藩曰：「连百万之众，攻必取，战必克，毅固以此服公。至于涉猎传记，一谈一咏，自许以为雄豪；以是搢绅白面之士辐凑归之。恐终不为公下，不如因会取

之。』裕曰：『吾与毅俱有克复之功，其过未彰，不可自相图也。』

乞伏炽磐攻南凉三河太守吴阴于白土，克之，以乞伏出累代之。

六月，乞伏公府弑河南王乾归，并杀其诸子十馀人，走保大夏。平昌公炽磐遣其弟广武将军智达、扬武将军木弈干帅骑三千讨之；以其弟昙达为镇京将军，镇谭郊，骁骑将军娄机镇苑川。炽磐帅文武及民二万馀户迁于枹罕。

秦人多劝秦王兴乘乱取炽磐，兴曰：『伐人丧，非礼也。』夏王勃勃欲攻炽磐，军师中郎将王买德谏曰：『炽磐，吾之与国，今遭丧乱，吾不能恤，又恃众力而伐之，匹夫犹且耻为，况万乘乎！』勃勃乃止。

闰月，庚子，南郡烈武公刘道规卒。

秋，七月，己巳朔，魏主嗣东巡，置四厢大将、十二小将；以山阳侯斤、元城侯屈行左、右丞相。庚寅，嗣至濡源，巡西北诸部落。

乞伏智达等击破乞伏公府于大夏，公府奔叠兰城，就其弟阿柴。智达等攻拔之，斩阿柴父子五人。公府奔嵻崀南山，追获之，并其四子，轘之于谭郊。

八月，乞伏炽磐自称大将军、河南王，大赦，改元永康；葬乾归于枹罕，谥曰武元，庙号高祖。

皇后王氏崩。

庚戌，魏主嗣还平城。

九月，河南王炽磐以尚书令武始翟勍为相国，侍中、太子詹事赵景为御史大夫；罢尚书令、仆、尚书六卿、侍中等官。

癸酉，葬僖皇后于休平陵。

刘毅至江陵，多变易守宰，辄割豫州文武、江州兵力万馀人以自随。会毅疾笃，郗僧施等恐毅死，其党危，乃劝毅请从弟兖州刺史藩以自副，太尉裕伪许之。藩自广陵入朝，己卯，裕以诏书罪状毅，云与藩及谢混共谋不轨，收藩及混赐死。初，混与刘毅款昵，混从兄澹常以为忧，渐与之疏，谓弟璞及从子瞻曰：『益寿此性，终当破家。』澹，安之孙也。

庚辰，诏大赦。以前会稽内史司马休之为都督荆、雍、梁、秦、宁、益六州诸军事、荆州刺史；北徐州刺史刘道怜为兖、青二州刺史，镇京口。使豫州刺史诸葛长民监太尉留府事。裕疑长民难独任，乃加刘穆之建武将军，置佐吏，配给资力以防之。

壬午，裕帅诸军发建康，参军王镇恶请给百舸为前驱。丙申，至姑孰，以镇恶为振武将军，与龙骧将军蒯恩将百舸前发。裕戒之曰：『若贼可击，击之；不可者，烧其船

舰，留屯水际以待我。』于是镇恶昼夜兼行，扬声言刘兖州上。

冬，十月，己未，镇恶至豫章口，去江陵城二十里，舍船步上。蒯恩军居前，镇恶次之。舸留一二人，对舸岸上立六七旗，旗下置鼓，语所留人：『计我将至城，便鼓严，令若后有大军状。』又分遣人烧江津船舰。镇恶径前袭城，语前军士：『有问者，但云刘兖州至。』津戍及民间皆晏然不疑。未至城五、六里，逢毅要将朱显之欲出江津，问：『刘兖州何在?』军士曰：『在后。』显之至军后，不见藩，而见军人担彭排战具，望江津船舰已被烧，鼓严之声甚盛，知非藩上，便跃马驰去告毅，行令闭诸城门。镇恶亦驰进，门未及下关，军人因得入城。卫军长史谢纯入参承毅，出闻兵至，左右欲引车归。纯叱之曰：『我，人吏也，逃将安之!』驰还入府。纯，安兄据之孙也。镇恶与城内兵斗，且攻其金城。自食时至中晡，城内人败散。镇恶穴其金城而入，遣人以诏及赦文并裕手书示毅，毅皆烧不视，与司马毛修之等督士卒力战。城内人犹未信裕自来，军士从毅自东来者，与台军多中表亲戚，且斗且语，知裕自来，人情离骇。逮夜，听事前兵皆散，斩毅勇将赵蔡，毅左右兵犹闭东西閤拒战。镇恶虑暗中自相伤犯，乃引军出围金城，开其南面。毅虑南有伏兵，夜半，帅左右三百许人开北门突出。毛修之谓谢纯曰：『君但随仆去。』纯不从，为人所杀。毅夜投牛牧佛寺。初，桓蔚之败也，走投牛牧寺僧昌，昌保藏之，毅杀昌。至是，寺僧拒之曰：『昔亡师容桓蔚，为刘卫军所杀，今实不敢容异人。』毅叹曰：『为法自弊，一至于此!』遂缢而死。明日，居人以告，乃斩首于市，并子侄皆伏诛。毅兄模奔襄阳，鲁宗之斩送之。

初，毅季父镇之闲居京口，不应辟召，常谓毅及藩曰：『汝辈才器，足以得志，但恐不久耳。我不就尔求财位，亦不同尔受罪累。』每见毅、藩导从到门，辄诟之，毅甚敬畏，未至宅数百步，悉屏仪卫，与白衣数人俱进。及毅死，太尉裕奏征镇之为散骑常侍、光禄大夫，固辞不至。

仇池公杨盛叛秦，侵扰祁山。秦王兴遣建威将军赵琨为前锋，立节将军姚伯寿继之，前将军姚恢出鹫峡，秦州刺史姚嵩出羊头峡，右卫将军胡翼度出汧城，以讨盛。兴自雍赴之，与诸将会于陇口。

天水太守王松匆言于嵩曰：『先帝神略无方，徐洛生以英武佐命，再入仇池，无功而还；非杨氏智勇能全也，直地势险固耳。今以赵琨之众，使君之威，准之先朝，实未见成功。使君具悉形便，何不表闻!』嵩不从。盛帅众与琨相持，伯寿畏懦不进，琨众寡不敌，为盛所败。兴斩伯寿而还。

兴以杨佛嵩为雍州刺史，帅岭北见兵以击夏。行数日，兴谓群臣曰：『佛嵩每见

敌，勇不自制，吾常节其兵不过五千人。今所将既多，遇敌必败，行已远，追之无及，将若之何？」佛嵩与夏王勃勃战，果败，为勃勃所执，绝亢而死。

秦立昭仪齐氏为后。

沮渠蒙逊迁于姑臧。

十一月，己卯，太尉裕至江陵，杀郗僧施。初，毛修之虽为刘毅僚佐，素自结于裕，故裕特宥之。赐王镇恶爵汉寿子。裕问毅府咨议参军申永曰：「今日何施而可？」永曰：「除其宿衅，倍其惠泽，贯叙门次，显擢才能，如此而已。」裕纳之，下书宽租省调，节役原刑，礼辟名士，荆人悦之。

诸葛长民骄纵贪侈，所为多不法，为百姓患，常惧太尉裕按之。及刘毅被诛，长民谓所亲曰：「『昔年醢彭越，今年杀韩信。』祸其至矣！」乃屏人问刘穆之曰：「悠悠之言，皆云太尉与我不平，何以至此？」穆之曰：「公溯流远征，以老母稚子委节下。若一豪不尽，岂容如此邪！」长民意乃小安。

长民弟辅国大将军黎民说长民曰：「刘氏之亡，亦诸葛氏之惧也，宜因裕未还而图之。」长民犹豫未发，既而叹曰：「贫贱常思富贵，富贵必履危机。今日欲为丹徒布衣，岂可得邪！」因遗冀州刺史刘敬宣书曰：「盘龙狠戾专恣，自取夷灭。异端将尽，世路方夷，富贵之事，相与共之。」敬宣报曰：「下官自义熙以来，忝三州、七郡，常惧福过灾生，思避盈居损。富贵之旨，非所敢当。」且使以书呈裕，裕曰：「阿寿故为不负我也。」

刘穆之忧长民为变，屏人问太尉行参军东海何承天曰：「公今行济否？」承天曰：「荆州不忧不时判，别有一虑耳。公昔年自左里还入石头，甚脱尔；今还，宜加重慎。」穆之曰：「非君，不闻此言。」

裕在江陵，辅国将军王诞白裕求先下，裕曰：「诸葛长民似有自疑心，卿讵宜便去！」诞曰：「长民知我蒙公垂盼，今轻身单下，必当以为无虞，乃可以少安其意耳。」裕笑曰：「卿勇过贲、育矣。」乃听先还。

沮渠蒙逊即河西王位，大赦，改元玄始，置官僚如凉王光为三河王故事。

太尉裕谋伐蜀，择元帅而难其人。以西阳太守朱龄石既有武干，又练吏职，欲用之。众皆以为龄石资名尚轻，难当重任，裕不从。十二月，以龄石为益州刺史，帅宁朔将军臧熹、河间太守蒯恩、下邳太守刘钟等伐蜀，分大军之半二万人以配之。熹，裕之妻弟，位居龄石之右，亦隶焉。

裕与龄石密谋进取，曰：「刘敬宣往年出黄虎，无功而退。贼谓我今应从外水往，

而料我当出其不意犹从内水来也。如此，必以重兵守涪城以备内道。若向黄虎，正堕其计。今以大众自外水取成都，疑兵出内水，此制敌之奇也。」而虑此声先驰，贼审虚实。别有函书封付龄石，署函边曰：「至白帝乃开。」诸军虽进，未知处分所由。

毛修之固请行，裕恐修之至蜀，必多所诛杀，土人与毛氏有嫌，亦当以死自固，不许。

分荆州十郡置湘州。

加太尉裕太傅、扬州牧。

丁巳，魏主嗣北巡，至长城而还。

九年（癸丑，公元四一三年）

春，二月，庚戌，魏主嗣如高柳川。甲寅，还宫。

太尉裕自江陵东还，骆驿遣辎重兼行而下，前刻至日，每淹留不进。诸葛长民与公卿频日奉候于新亭，辄差其期。乙丑晦，裕轻舟径进，潜入东府。三月，丙寅朔旦，长民闻之，惊趋至门。裕伏壮士丁旿于幔中，引长民却人间语，凡平生所不尽者皆及之，长民甚悦。丁旿自幔后出，于座拉杀之，舆尸付廷尉。收其弟黎民，黎民素骁勇，格斗而死。并杀其季弟大司马参军幼民、从弟宁朔将军秀之。

庚午，秦王兴遣使至魏修好。

太尉裕上表曰：「大司马温以『民无定本，伤治为深』，《庚戌》土断以一其业。于是财阜国丰，实由于此。自兹迄今，渐用颓弛；请申前制。」于是依界土断，唯徐、兖、青三州居晋陵者，不在断例；诸流寓郡县多所并省。

戊寅，加裕豫州刺史。裕固让太傅、州牧。

林邑范胡达寇九真，杜慧度击斩之。

河南王炽磐遣镇东将军昙达、平东将军王松寿将兵东击休官权小郎、吕破胡于白石川，大破之，虏其男女万馀口，进据白石城。显亲休官权小成、吕奴迦等二万馀户据白坑不服，昙达攻斩之，陇右休官悉降。秦太尉索稜以陇西降炽磐，炽磐以稜为太傅。

夏王勃勃大赦，改元凤翔。以叱干阿利领将作大匠，发岭北夷、夏十万人筑都城于朔方水北、黑水之南。勃勃曰：「朕方统一天下，君临万邦，宜名新城曰统万。」阿利性巧而残忍，蒸土筑城，锥入一寸，即杀作者而并筑之。勃勃以为忠，委任之。凡造兵器成，呈之，工人必有死者，射甲不入则斩弓人，入则斩甲匠。又铸铜为一大鼓。飞廉、翁仲、铜驼、龙虎之属，饰以黄金，列于宫殿之前。凡杀工匠数千，由是器物皆精利。

勃勃自谓其祖从母姓为刘，非礼也。古人氏族无常，乃改姓赫连氏，言帝王系天为子，其徽赫与天连也。其非正统者，皆以铁伐为氏，言其刚锐如铁，皆堪伐人也。

夏，四月，乙卯，魏主嗣西巡，命郑兵将军奚斤、鸿飞将军尉古真、都将间大肥等击越勤部于跋那山。大肥，柔然人也。

河南王炽磐遣安北将军乌地延、冠军将军翟绍击吐谷浑别统句旁于泣勤川，大破之。

河西王蒙逊立子政德为世子，加镇卫大将军、录尚书事。

南凉王傉檀伐河西王蒙逊，蒙逊败之于若厚坞，又败之于若凉；因进围乐都，二旬不克。南凉湟河太守文支以郡降于蒙逊，蒙逊以文支为广武太守。蒙逊复伐南凉，傉檀以太尉俱延为质，乃还。

蒙逊西如苕藋，遣冠军将军伏恩将骑一万袭卑和、乌啼二部，大破之，俘二千馀落而还。

蒙逊寝于新台，阉人王怀祖击蒙逊，伤足，其妻孟氏禽斩之。蒙逊母车氏卒。

五月，乙亥，魏主嗣如云中旧宫。丙子，大赦。西河胡张外等聚众为盗；乙卯，嗣遣会稽公长乐刘絜等屯西河招讨之。

六月，嗣如五原。

朱龄石等至白帝发函书，曰：『众军悉从外水取成都，臧熹从中水取广汉，老弱乘高舰十馀，从内水向黄虎。』于是诸军倍道兼行。谯纵果命谯道福将重兵镇涪城，以备内水。龄石至平模，去成都二百里，纵遣秦州刺史侯晖、尚书仆射谯诜帅众万馀屯平模，夹岸筑城以拒之。龄石谓刘钟曰：『今天时盛热，而贼严兵固险，攻之未必可拔，只增疲困。且欲养锐息兵以伺其隙，何如？』钟曰：『不然。前扬声言大从内水，谯道福不敢舍涪城。今重军猝至，出其不意，侯晖之徒已破胆矣。贼阻兵守险者，是其惧不敢战也。因其凶惧，尽锐攻之，其势必克。克平模之后，自可鼓行而进，成都必不能守矣。若缓兵相守，彼将知人虚实。涪军忽来，并力拒我。人情既安，良将又集，此求战不获，军食无资，二万馀人悉为蜀子虏矣。』龄石从之。

诸将以水北城地险兵多，欲先攻其南城。龄石曰：『今屠南城，不足以破北，若尽锐以拔北城，则南城不麾自散矣。』秋，七月，龄石帅诸军急攻北城，克之，斩侯晖、谯诜；引兵回趣南城，南城自溃。龄石舍船步进。焦纵大将谯抚之屯牛脾，谯小苟塞打鼻。臧熹击抚之，斩之；小苟闻之，亦溃。于是纵诸营屯望风相次奔溃。

戊辰，纵弃成都出走，尚书令马耽封府库以待晋师。壬申，龄石入成都，诛纵同祖

之亲，馀皆按堵，使复其业。纵出成都。先辞墓，其女曰：『走必不免，只取辱焉。等死，死于先人之墓可也。』纵不从。谯道福闻平模不守，自涪引兵入赴，纵往投之。道福见纵，怒曰：『大丈夫有如此功业而弃之，将安归乎！人谁不死，何怯之甚也！』因投纵以剑，中其马鞍。纵乃去，自缢死，巴西人王志斩其首以送龄石。道福谓其众曰：『蜀之存亡，实系于我，不在谯王。今我在，犹足一战。』众皆许诺。道福尽散金帛以赐众，众受之而走。道福逃于獠中，巴民杜瑾执送之，斩于军门。龄石徙马耽于越巂，耽谓其徒曰：『朱侯不送我京师，欲灭口也，吾必不免。』乃盥洗而卧，引绳而死。须臾，龄石使至，戮其尸。诏以龄石进监梁、秦州六郡诸军事，赐爵丰城县侯。

魏奚斤等破越勤于跋那山西，徙二万馀家于大宁。

河西胡曹龙等拥部众二万人来入蒲子，张外降之，推龙为大单于。

丙戌，魏主嗣如定襄大洛城。

河南王炽磐击吐谷浑支旁于长柳川，虏旁及其民五千馀户而还。

八月，癸卯，魏主嗣还平城。

曹龙请降魏，执送张外，斩之。

丁丑，魏主嗣如豺山宫。癸未，还。

九月，再命太尉裕为太傅、扬州牧；固辞。

河南王炽磐击吐谷浑别统掘逵于渴浑川，大破之，虏男女二万三千。冬，十月，掘逵帅其馀众降于炽磐。

吐京胡与离石胡出以眷叛魏，魏主嗣命元城侯屈督会稽公刘絜、永安侯魏勤以讨之。丁巳，出以眷引夏兵邀击絜，禽之，以献于夏；勤战死。嗣以屈亡二将，欲诛之；既而赦之，使摄并州刺史。屈到州，纵酒废事，嗣积其前后罪恶，槛车征还，斩之。

十一月，魏主嗣遣使请昏于秦，秦王兴许之。

是岁，以敦煌索邈为梁州刺史，苻宣乃还仇池。初，邈寓居汉川，与别驾姜显有隙，凡十五年而邈镇汉川；显乃肉袒迎候，邈无愠色，待之弥厚。退而谓人曰：『我昔寓此，失志多年，若仇姜显，惧者不少。但服之自佳，何必逞志！』于是阖境闻之皆悦。

十年（甲寅，公元四一四年）

春，正月，辛酉，魏大赦，改元神瑞。

辛巳，魏主嗣如繁畤。二月，戊戌，还平城。

夏王勃勃侵魏河东蒲子。

司马休之在江陵，颇得江、汉民心。子谯王文思在建康，性凶暴，好通轻侠；太尉裕恶之。三月，有司奏文思擅捶杀国吏，诏诛其党而宥文思。休之上疏谢罪，请解所任；不许。裕执文思送休之，令自训厉，意欲休之杀之；休之但表废文思。并与裕书陈谢。裕由是不悦，以江州刺史孟怀玉兼督豫州六郡以备之。

夏，五月，辛酉，魏主嗣还平城。

秦后将军敛成讨叛羌，为羌所败，惧罪，出奔夏。

秦王兴有疾，妖贼李弘与氐仇常反于贰城，兴舆疾往讨之，斩常，执弘而还。

秦左将军姚文宗有宠于太子泓，广平公弼恶之，诬文宗有怨言；秦王兴怒，赐文宗死，于是群臣畏弼侧目。弼言于兴，无不从者；以所亲天水尹冲为给事黄门侍郎，唐盛为治书侍御史，兴左右掌机要者，皆其党也。右仆射梁喜、侍中任谦、亦兆尹尹昭承间言于兴曰：「父子之际，人所难言；然君臣之义，不薄于父子，故臣等不得默然。广平公弼，潜有夺嫡之志，陛下宠之太过，假其威权，倾险无赖之徒辐凑附之。道路皆言陛下将有废立之计，信有之乎！」兴曰：「岂有此邪！」喜等曰：「苟无之，则陛下爱弼，

适所以祸之；愿去其左右，损其威权，如此，非特安弼，乃所以安宗庙社稷。」兴不应。大司农窦温、司徒左长史王弼皆密疏劝兴立弼为太子，兴虽不从，亦不责也。

兴疾笃，弼潜聚众数千人，谋作乱。姚裕遣使以弼逆状告诸兄在藩镇者，于是姚懿治兵于蒲孤，镇东将军、豫州牧洸治兵于洛阳，平西将军谌治兵于雍，皆欲赴长安讨弼。会兴疾瘳，见群臣，征虏将军刘羌泣以告兴。梁喜、尹昭请诛弼，且曰：「苟陛下不忍杀弼，亦当夺其权任。」兴不得已，免弼尚书令，使以将军、公还第。懿等各罢兵。

懿、洸、谌与姚宣皆入朝，使裕入白兴，求见，兴曰：「汝等正欲论弼事耳，吾已知之。」裕曰：「弼苟有可论，陛下所宜垂听；若懿等言非是，便当置之刑辟，奈何逆拒之！」于是引见懿等于谘议堂。宣流涕极言，兴曰：「吾自处之，非汝曹所忧。」抚军东曹属姜虬上疏曰：「广平公弼，衅成逆著，道路皆知之。昔文王之化，刑于寡妻；今圣朝之乱，起自爱子，虽欲含忍掩蔽，而逆党扇惑不已，弼之乱心何由可革！宜斥散凶徒，以绝祸端。」兴以虬表示梁喜曰：「天下人皆以吾儿为口实，将何以处之？」喜曰：「信如虬言，陛下宜早裁决。」兴默然。

唾契汗、乙弗等部皆叛南凉，南凉王傉檀欲讨之。邯川护军孟恺谏曰：「今连年饥馑，南逼炽磐，北逼蒙逊，百姓不安。远征虽克，必有后患；不如与炽磐结盟通籴，慰

抚杂部，足食缮兵，俟时而动。』傉檀不从，谓太子虎台曰：『蒙逊近去，不能猝来，旦夕所虑，唯在炽磐。然炽磐兵少易御，汝谨守乐都，吾不过一月必还矣。』乃帅骑七千袭乙弗，大破之，获马牛羊四十馀万。

河南王炽磐闻之，欲袭乐都。群臣咸以为不可。太府主簿焦袭曰：『傉檀不顾近患而贪远利，我今伐之，绝其西路，使不得还救。则虎台独守穷城，可坐禽也。此天亡之时，必不可失。』炽磐从之，帅步骑二万袭乐都。虎台凭城拒守，炽磐四面攻之。

南凉抚军从事中郎尉肃言于虎台曰：『外城广大难守，殿下不若聚国人守内城，肃等帅晋人拒战于外，虽有不捷，犹足自存。』虎台曰：『炽磐小贼，旦夕当走，卿何过虑之深！』虎台疑晋人有异心，悉召豪望有谋勇者闭之于内。孟恺泣曰：『炽磐乘虚内侮，国家危于累卵。恺等进欲报恩，退顾妻子，人思效死，而殿下乃疑之如是邪！』虎台曰：『吾岂不知君之忠笃，惧馀人脱生虑表，以君等安之耳。』

一夕，城溃，炽磐入乐都，遣平远将军捷虔帅骑五千追傉檀，以镇南将军谦屯为都督河右诸军事、凉州刺史，镇乐都；秃发赴单为西平太守，镇西平；以赵恢为广武太守，镇广武；曜武将军王基为晋兴太守，镇浩亹；徙虎台及其文武百姓万馀户于枹罕。赴单，乌孤之子也。

河间人褚匡言于燕王跋曰：『陛下龙飞辽、碣，旧邦族党，倾首朝阳，以日为岁，请往迎之。』跋曰：『道路数千里，复隔异国，如何可致？』匡曰：『章武临海，舟楫可通，出于辽西临渝，不为难也。』跋许之，以匡为游击将军、中书侍郎，厚资遣之。匡与跋从兄买、从弟睹自长乐帅五千馀户归于和龙，契丹、库莫奚皆降于燕。跋署其大人为归善王。跋弟丕避乱在高句丽，跋召之，以为左仆射，封常山公。

柔然可汗斛律将嫁女于燕，斛律兄子步鹿真谓斛律曰：『幼女远嫁忧思，请以大臣树黎等女为媵。』斛律不许。步鹿真出，谓树黎等曰：『斛律欲以汝女为媵，远适他国。』树黎恐，与步鹿真谋使勇士夜伏于斛律穹庐之后，伺其出而执之，与女皆送于燕，立步鹿真为可汗而相之。

初，社仑之徙高车也，高车人叱洛侯为之乡导以并诸部，社仑德之，以为大人。步鹿真与社仑之子社拔共至叱洛侯家，淫其少妻，妻告步鹿真曰：『叱洛侯欲奉大檀为主。』大檀者，社仑季父仆浑之子也，领别部镇西境，素得众心。步鹿真归而发兵围叱洛侯，叱洛侯自杀。遂引兵袭大檀，大檀逆击，破之，执步鹿真及社拔，杀之，自立为可汗，号牟汗纥升盖可汗。

斛律至和龙，燕王跋赐斛律爵上谷侯，馆之辽东，待以客礼，纳其女为昭仪。斛律

上书请还其国，跋曰：『今弃国万里，又无内应，若以重兵相送，则馈运难继，兵少则不足成功，如何可还？』斛律固请，曰：『不烦重兵，愿给三百骑，送至敕勒，国人必欣然来迎。』跋乃遣单于前辅万陵帅骑三百送之。陵惮远役，至黑山，杀斛律而还。大檀亦遣使献马三千匹、羊万口于燕。

六月，泰山太守刘研等帅流民七千馀家，河西胡酋刘遮等帅部落万馀家，皆降于魏。

戊申，魏主嗣如豺山宫；丁亥，还平城。

乐都之溃也，南凉安西将军樊尼自西平奔告南凉王傉檀，傉檀谓其众曰：『今妻子皆为炽磐所虏，退无所归，卿等能与吾藉乙弗之资，取契汗以赎妻子乎？』乃引兵西。众多逃还，傉檀遣镇北将军段苟追之，苟亦不还。于是将士皆散，唯樊尼与中军将军纥勃、后军将军洛肱、散骑侍郎阴利鹿不去。傉檀曰：『蒙逊、炽磐昔皆委质于吾，今而归去，不亦鄙乎！四海之广，无所容身，何其痛也！与其聚而同死，不若分而或全。樊尼，吾长兄之子，宗部所寄；吾众在北者户垂一万，蒙逊方招怀士民，存亡继绝，汝其从之；纥勃、洛肱亦与尼俱行。吾年老矣，所适不容，宁见妻子而死！』遂归于炽磐，唯阴利鹿随之。傉檀谓利鹿曰：『吾亲属皆散，卿何独留？』利鹿曰：『臣老母在家，非不思归；然委质为臣，忠孝之道，难以两全。臣不才，不能为陛下泣血求救于邻国，敢离左右乎！』傉檀叹曰：『知人固未易。大臣亲戚皆弃我去，今日忠义终始不亏者，唯卿一人而已！』

傉檀诸城皆降于炽磐，独尉贤政屯浩亹，固守不下。炽磐遣人谓之曰：『乐都已溃，卿妻子皆在吾所，独守一城，将何为也？』贤政曰：『受凉王厚恩，为国藩屏。虽知乐都已陷，妻子为禽；先归获赏，后顺受诛。然不知主上存亡，未敢归命；妻子小事，岂足动心！若贪一时之利，忘委付之重者，大王亦安用之！』炽磐乃遣虎台以手书谕之，贤政曰：『汝为储副，不能尽节，面缚于人，弃父忘君，堕万世之业。贤政义士，岂效汝乎！』闻傉檀至左南，乃降。

炽磐闻傉檀至，遣使郊迎，待以上宾之礼。秋，七月，炽磐以傉檀为骠骑大将军，赐爵左南公。南凉文武，依才铨叙。岁馀，炽磐使人鸩傉檀；左右请解之，傉檀曰：『吾病岂宜疗邪！』遂死，谥曰景王。虎台亦为炽磐所杀。傉檀子保周、贺，俱延子覆龙，利鹿孤孙副周，乌孤孙承钵，皆奔河西王蒙逊；久之，又奔魏。魏以保周为张掖王，覆龙为酒泉公，贺西平公，副周永平公，承钵昌松公。魏主嗣爱贺之才，谓曰：『卿之先与朕同源。』赐姓源氏。

八月，戊子，魏主嗣遣马邑侯陋孙使于秦。辛丑，遣谒者于什门使于燕，悦力延使于柔然。于什门至和龙，不肯入见，曰：『大魏皇帝有诏，须冯王出受，然后敢入。』燕王跋使人牵逼令入，什门见跋不拜。跋使人按其项，什门曰：『冯王拜受诏，吾自以宾主致敬，何苦见逼邪！』跋怒，留什门不遣，什门数众辱之。左右请杀之，跋曰：『彼各为其主耳。』乃幽执什门，欲降之，什门终不降。久之，衣冠弊坏略尽，虮虱流溢。跋遗之衣冠，什门皆不受。

魏主嗣以博士王谅为平南参军，使以平南将军、相州刺史尉太真书与太尉裕相闻。太真，古真之弟也。

九月，丁巳朔，日有食之。

冬，十月，河南王炽磐复称秦王，置百官。

燕主跋与夏连和，夏王勃勃遣御史中丞乌洛孤如燕莅盟。

十一月，壬午，魏主嗣遣使者巡行诸州，校阅守宰资财，非家所赍者，悉簿为赃。

西秦王炽磐立妃秃发氏为后。

十二月，丙戌朔，柔然可汗大檀侵魏。丙申，魏主嗣北击之。大檀走，遣奚斤等追之，遇大雪，士卒冻死及堕指者什二三。

河内人司马顺宰自称晋王，魏人讨之，不克。

燕辽西公素弗卒，燕王跋比葬七临之。

是岁，司马国璠兄弟聚众数百，潜渡淮，夜入广陵城。青州刺史檀祗领广陵相，国璠兵直上听事，祗惊出，将御之，被射伤而入，谓左右曰：『贼乘暗得入，欲掩我不备；但击五鼓，彼惧晓，必走矣。』左右如其言，国璠兵果走，追杀百馀人。

魏博士祭酒崔浩为魏主嗣讲《易》及《洪范》，嗣因问浩天文、术数。浩占决多验，由是有宠，凡军国密谋皆预之。

夏王勃勃立夫人梁氏为王后，子璝为太子；封子延为阳平公，昌为太原公，伦为酒泉公，定为平原公，满为河南公，安为中山公。

晋纪三十九 起旃蒙单阏，尽柔兆执徐，凡二年。

安皇帝壬

义熙十一年（乙卯，公元四一五年）

春，正月，丙辰，魏主嗣还平城。

太尉裕收司马休之次子文宝、兄子文祖，并赐死；发兵击之。诏加裕黄钺，领荆州刺史。庚午，大赦。

丁丑，以吏部尚书谢裕为尚书左仆射。

辛巳，太尉裕发建康。以中军将军刘道怜监留府事，刘穆之兼右仆射。事无大小，皆决于穆之。又以高阳内史刘钟领石头戍事，屯冶亭。休之府司马张裕、南平太守檀范之闻之，皆逃归建康。裕，邵之兄也。雍州刺史鲁宗之自疑不为太尉裕所容，与其子竟陵太守轨起兵应休之。二月，休之上表罪状裕，勒兵拒之。

裕密书招休之府录事参军南阳韩延之，延之复书曰：「承亲帅戎马，远履西畿，阖

况以大过，而当嘿然邪！前已表奏废之，所不尽者命耳。推寄相与，正当如此。而遽兴兵甲，所谓『欲加之罪，其无辞乎！』刘裕足下，海内之人，谁不见足下此心，而复欲欺诳国士！来示云『处怀期物，自有由来』，今伐人之君，啖人以利，真可谓『处怀期物，自有由来』者乎！刘藩死于阊阖之门，诸葛毙于左右之手；甘言诧方伯，袭之以轻兵；遂使席上靡款怀之士，阃外无自信诸侯，以是为得算，良可耻也！贵府将佐及朝廷贤德，寄命过日。吾诚鄙劣，尝闻道于君子，以平西之至德，宁可无授命之臣乎！必未能自投虎口，比迹郗僧施之徒明矣。假令天长丧乱，九流浑浊，当与臧洪游于地下，不复多言。」裕视书叹息，以示将佐曰：「事人当如此矣！」延之以裕父名翘，字显宗，乃更其字曰显宗，名其子曰翘，以示不臣刘氏。

琅邪太守刘朗帅二千馀家降魏。

庚子，河西胡刘云等帅数万户降魏。

太尉裕使参军檀道济、朱超石将步骑出襄阳。超石，龄石之弟也。江夏太守刘虔之将兵屯三连，立桥聚粮以待，道济等积日不至。鲁轨袭击虔之，杀之。裕使其婿振威将军东海徐逵之统参军蒯恩、王允之、沈渊子为前锋，出江夏口。逵之等与鲁轨战于破冢，兵败，逵之、允之、渊子皆死，独蒯恩勒兵不动。轨乘胜力攻之，不能克，乃退。

渊子，林子之兄也。

裕军于马头，闻逵之死，怒甚。三月，壬午，帅诸将济江。鲁轨、司马文思将休之兵四万，临峭岸置陈，军士无能登者。裕自被甲欲登，诸将谏，不从，怒愈甚。太尉主簿谢晦前抱持裕，裕抽剑指晦曰：「我斩卿！」晦曰：「天下可无晦，不可无公！」建武将军胡藩领游兵在江津，裕呼藩使登，藩有疑色。裕命左右录来，欲斩之。藩顾曰：「正欲击贼，不得奉教！」乃以刀头穿岸，劣容足指，腾之而上，随之者稍多。既登岸，直前力战。休之兵不能当，稍引却。裕兵因而乘之，休之兵大溃，遂克江陵。休之、宗之俱北走，轨留石城。裕命阆中侯下邳赵伦之、太尉参军沈林子攻之；遣武陵内史王镇恶以舟师追休之等。

有群盗数百夜袭冶亭，京师震骇；刘钟讨平之。

秦广平公弼谮姚宣于秦王兴，宣司马权丕至长安，兴责以不能辅导，将诛之；丕惧，诬宣罪恶以求自免。兴怒，遣使就杏城收宣下狱，命弼将三万人镇秦州。尹昭曰：「广平公与皇太子不平，今握强兵于外，陛下一旦不讳，社稷必危。『小不忍，乱大谋』，陛下之谓也。」兴不从。

夏王勃勃攻秦杏城，拔之，执守将姚逵，坑士卒二万人。秦王兴如北地，遣广平公

弼及辅国将军敛曼嵬向新平，兴还长安。

河西王蒙逊攻西秦广武郡，拔之。西秦王炽磐遣将军乞伏魋尼寅邀蒙逊于浩亹，蒙逊击斩之；又遣将军折斐等帅骑一万据勒姐岭，蒙逊击禽之。

河西饥胡相聚于上党，推胡人白亚栗斯为单于，改元建平，以司马顺宰为谋主，寇魏河内。夏，四月，魏主嗣命公孙表等五将讨之。

青、冀二州刺史刘敬宣参军司马道赐，宗室之疏属也。闻太尉裕攻司马休之，道赐与同府辟闾道秀、左右小将王猛子谋杀敬宣，据广固以应休之。乙卯，敬宣召道秀，屏人语，左右悉出户。猛子逡巡在后，取敬宣备身刀杀敬宣。文武佐吏即时讨道赐等，皆斩之。

己卯，魏主嗣北巡。

西秦王炽磐子元基自长安逃归，炽磐以为尚书左仆射。

五月，丁亥，魏主嗣如大宁。

赵伦之、沈林子破鲁轨于石城，司马休之、鲁宗之救之不及，遂与轨奔襄阳，宗之参军李应之闭门不纳。甲午，休之、宗之、轨及谯王文思、新蔡王道赐、梁州刺史马敬、南阳太守鲁范俱奔秦。宗之素得士民心，争为之卫送出境。王镇恶等追之，尽境而

还。

初，休之等求救于秦、魏，秦征虏将军姚成王及司马国璠引兵至南阳，魏长孙嵩至河东，闻休之等败，皆引还。休之至长安，秦王兴以为扬州刺史，使侵扰襄阳。侍御史唐盛言于兴曰：「据符谶之文，司马氏当复得河、洛。今使休之擅兵于外，犹纵鱼于渊也；不如以高爵厚礼，留之京师。」兴曰：「昔文王卒免羑里，高祖不毙鸿门；苟天命所在，谁能违之！脱如符谶之言，留之适足为害。」遂遣之。

诏加太尉裕太傅、扬州牧，剑履上殿，入朝不趋，赞拜不名。以兖、青二州刺史刘道怜为都督荆、湘、益、秦、宁、梁、雍七州诸军事、骠骑将军、荆州刺史。道怜贪鄙，无才能，裕以中军长史晋陵太守谢方明为骠骑长史、南郡相，道怜府中众事皆咨决于方明。方明，冲之子也。

益州刺史朱龄石遣使诣河西王蒙逊，谕以朝廷威德。蒙逊遣舍人黄迅诣龄石，且上表言：「伏闻车骑将军裕欲清中原，愿为右翼，驱除戎虏。」

夏王勃勃遣御史中丞乌洛孤与蒙逊结盟，蒙逊遣其弟湟河太守汉平莅盟于夏。

西秦王炽磐帅众三万袭湟河，沮渠汉平拒之，遣司马隗仁夜出击炽磐，破之。炽磐将引去，汉平长史焦昶、将军段景潜召炽磐，炽磐复攻之，昶、景因说汉平出降。仁勒

壮士百余据南门楼，三日不下，力屈，为炽磐所禽。炽磐欲斩之，散骑常侍武威段晖谏曰：「仁临难不畏死，忠臣也，宜宥之以厉事君。」乃囚之。炽磐以左卫将军匹达为湟河太守，击乙弗窟乾，降其三千余户而归。以尚书右仆射出连虔为都督岭北诸军事、凉州刺史；以凉州刺史谦屯为镇军大将军、河州牧。隗仁在西秦五年，段晖又为之请，炽磐免之，使还姑臧。

戊午，魏主嗣行如濡源，遂至上谷、涿鹿、广宁。秋，七月，癸未，还平城。

西秦王炽磐以秦州刺史昙达为尚书令，光禄勋王松寿为秦州刺史。

辛亥晦，日有食之。

八月，甲子，太尉裕还建康，固辞太傅、州牧，其余受命。以豫章公世子义符为兖州刺史。

丁未，谢裕卒；以刘穆之为左仆射。

九月，己亥，大赦。

魏比岁霜旱，云、代之民多饥死。太史令王亮、苏坦言于魏主嗣曰：「按谶书，魏当都邺，可得丰乐。」嗣以问群臣，博士祭酒崔浩、特进京兆周澹曰：「迁都于邺，可以救今年之饥，非久长之计也。山东之人，以国家居广漠之地，谓其民畜无涯，号曰

「牛毛之众」。今留兵守旧都，分家南徙，不能满诸州之地，参居郡县，情见事露，恐四方皆有轻侮之心；且百姓不便水土，疾疫死伤者必多。又，旧都守兵既少，屈丐、柔然将有窥窬之心，举国而来，云中、平城必危，朝廷隔恒、代千里之险，难以赴救，此则声实俱损也。今居北方，假令山东有变，我轻骑南下，布濩林薄之间，孰能知其多少！百姓望尘慑服，此国家所以威制诸夏也。来春草生，湩酪将出，兼以菜果，得及秋熟，则事济矣。」嗣曰：「今仓廪空竭，既无以待来秋，若来秋又饥，将若之何？」对曰：「宜简饥贫之户，使就食山东；若来秋复饥，当更图之，但方今不可迁都耳。」嗣悦，曰：「唯二人与朕意同。」乃简国人尤贫者诣山东三州就食，遣左部尚书代人周几帅众镇鲁口以安集之。嗣躬耕藉田，且命有司劝课农桑。明年，大熟，民遂富安。

夏赫连建将兵击秦，执平凉太守姚周都。遂入新平。广平公弼与战于龙尾堡，禽之。

秦王兴药动。广平公弼称疾不朝，聚兵于第。兴闻之，怒，收弼党唐盛、孙玄等杀之。太子泓请曰：「臣不肖，不能缉谐兄弟，使至于此，皆臣之罪也。若臣死而国家安，愿赐臣死；若陛下不忍杀臣，乞退就藩。」兴恻然悯之，召姚赞、梁喜、尹昭、敛曼嵬与之谋，囚弼，将杀之，穷治党与。泓流涕固请，乃并其党赦之。泓待弼如初，无忿恨之色。

魏太史奏：「荧惑在匏瓜中，忽亡不知所在，于法当入危亡之国，先为童谣妖言，然后行其祸罚。」魏主嗣召名儒十余人使与太史议荧惑所诣，崔浩对曰：「按《春秋左氏传》，『神降于莘』，以其至之日推知其物。庚午之夕，辛未之朝，天有阴云；荧惑之亡，当在二日。庚之与午，皆主于秦；辛为西夷。今姚兴据长安，荧惑必入秦矣。」众皆怒曰：「天上失星，人间安知所诣！」浩笑而不应。后八十余日，荧惑出东井，留守句己，久之乃去。秦大旱，昆明池竭，童谣讹言，国人不安，间一岁而秦亡。众乃服浩之精妙。

冬，十月，壬子，秦王兴使散骑常侍姚敞等，送其女西平公主于魏，魏主嗣以后礼纳之。铸金人不成，乃以为夫人，而宠遇甚厚。

辛酉，魏主嗣如沮洳城；癸亥，还平城。十一月，丁亥，复如豺山宫；庚子，还。

西秦王炽磐遣襄武侯昙达等将骑一万，击南羌弥姐、康薄于赤水，降之；以王孟保为略阳太守，镇赤水。

燕尚书令孙护之弟伯仁为昌黎尹，与其弟叱支乙拔皆有才勇，从燕王跋起兵有功，求开府不得，有怨言，跋皆杀之。进护开府仪同三司、录尚书事，以慰其心，护怏怏不

悦，跋酖杀之。辽东太守务银提自以有功，出为边郡，怨望，谋外叛，跋亦杀之。

林邑寇交州，州将击败之。

十二年（丙辰，公元四一六年）

春，正月，甲申，魏主嗣如豺山宫。戊子，还平城。

加太尉裕兖州刺史、都督南秦州，凡都督二十二州；以世子义符为豫州刺史。

秦王兴使鲁宗之将兵寇襄阳，未至而卒。其子轨引兵入寇，雍州刺史赵伦之击败之。

西秦王炽磐攻秦洮阳公彭利和于漒川，沮渠蒙逊攻石泉以救之。炽磐至沓中，引还。二月，炽磐遣襄武侯昙达救石泉，蒙逊亦引去。蒙逊遂与炽磐结和亲。

秦王兴如华阴，使太子泓监国，入居西宫。兴疾笃，还长安。黄门侍郎尹冲谋因泓出迎而杀之。兴至，泓将出迎，宫臣谏曰：「主上疾笃，奸臣在侧，殿下今出，进不得见主上，退有不测之祸。」泓曰：「臣子闻君父疾笃而端居不出，何以自安！」对曰：「全身以安社稷，孝之大者也。」泓乃止。尚书姚沙弥谓尹冲曰：「太子不出迎，宜奉乘舆幸广平公第；宿卫将士闻乘舆所在，自当来集，太子谁与守乎！且吾属以广平公之故，已陷名逆节，将何所自容！今奉乘舆以举事，乃杖大顺，不惟救广平之祸，吾属前罪亦尽雪矣。」冲以兴死生未可知，欲随兴入宫作乱，不用沙弥之言。

兴入宫，命太子泓录尚书事，东平公绍及右卫将军胡翼度典兵禁中，防制内外。遣殿中上将军敛曼嵬收弼等中甲仗，内之武库。

兴疾转笃，其妹南安长公主问疾，不应。幼子耕儿出，告其兄南阳公愔曰：「上已崩矣，宜速决计！」愔即与尹冲帅甲士攻端门，敛曼嵬、胡翼度等勒兵闭门拒战。愔等遣壮士登门，缘屋而入，及于马道。泓侍疾在咨议堂，太子右卫率姚和都率东宫兵入屯马道南。愔等不得进，遂烧端门。兴力疾临前殿，赐弼死。禁兵见兴，喜跃，争进赴贼，贼众惊扰，和都以东宫兵自后击之，愔等大败。愔逃于骊山，其党建康公吕隆奔雍，尹冲及弟泓来奔。兴引东平公绍及姚赞、梁喜、尹昭、敛曼嵬入内寝，受遗诏辅政。明日，兴卒。泓秘不发丧，捕南阳公愔及吕隆、大将军尹元等，皆诛之。乃发丧，即皇帝位，大赦，改元永和。泓命齐公恢杀安定太守吕超，恢犹豫久之，乃杀之。泓疑恢有贰心，恢由是惧，阴聚兵谋作乱。泓葬兴于偶陵，谥曰文桓皇帝，庙号高祖。

初，兴徙李闰羌三千户于安定。兴卒，羌酋党容叛，泓遣抚军将军姚赞讨降之，徙其酋豪于长安，余遣还李闰。北地太守毛雍据赵氏坞以叛，东平公绍讨禽之。时姚宣镇李闰，参军韦宗闻毛雍叛，说宣曰：「主上新立，威德未著，国家之难，未可量也，殿

下不可不为深虑。邢望险要，宜徙据之，此霸王之资也。」宣从之，帅户三万八千，弃李闰，南保邢望。诸羌据李闰以叛，东平公绍进讨破之。宣诣绍归罪，绍杀之。

二月，加太尉裕中外大都督。裕戒严将伐秦，诏加裕领司、豫二州刺史，以其世子义符为徐、兖二州刺史。琅邪王德文请启行戎路，修敬山陵；诏许之。

夏，四月，壬子，魏大赦，改元泰常。

西秦襄武侯昙达等击秦秦州刺史姚艾于上邽，破之，徙其民五千馀户于枹罕。

五月，癸巳，加太尉裕领北雍州刺史。

六月，丁巳，魏主嗣北巡。

并州胡数万落叛秦，入于平阳，推匈奴曹弘为大单于，攻立义将军姚成都于匈奴堡。征东将军姚懿自蒲坂讨之，执弘，送长安，徙其豪右万五千落于雍州。

氐王杨盛攻秦祁山，拔之，进逼秦州。秦后将军姚平救之，盛引兵退；平与上邽守将姚嵩追之。夏王勃勃帅骑四万袭上邽，未至，嵩与盛战于竹岭，败死。勃勃攻上邽二旬，克之，杀秦州刺史姚军都及将士五千馀人，因毁其城。进攻阴密，又杀秦将姚良子及将士万馀人；以其子昌为雍州刺史，镇阴密。征北将军姚恢弃安定，奔还长安，安定人胡俨等帅户五万据城降于夏。勃勃使镇东将军羊苟儿将鲜卑五千镇安定，进攻秦镇西将军姚谌于雍城，谌委镇奔长安。勃勃据雍，进掠郿城。秦东平公绍及征虏将军尹昭等将步骑五万击之，勃勃退趋安定，胡俨闭门拒之，杀羊苟儿及所将鲜卑，复以安定降秦。绍进击勃勃于马鞍阪，破之，追至朝那，不及而还。勃勃归杏城。杨盛复遣兄子倦击秦，至陈仓，秦敛曼嵬击却之。夏王勃勃复遣兄子提南侵泄阳，秦车骑将军姚裕等击却之。

凉司马索承明上书劝凉公暠伐河西王蒙逊，暠引见，谓之曰：「蒙逊为百姓患，孤岂忘之？顾势力未能除耳。卿有必禽之策，当为孤陈之；直唱大言，使孤东讨，此与言『石虎小竖，宜肆诸市朝』者何异！」承明惭惧而退。

秋，七月，魏主嗣大猎于牛川，临殿繁水而还。戊戌，至平城。

八月，丙午，大赦。

宁州献琥珀枕于太尉裕。裕以琥珀治金创，得之大喜，命碎捣分赐北征将士。

裕以世子义符为中军将军，监太尉留府事。刘穆之为左仆射，领监军、中军二府军司，入居东府，总摄内外。以太尉左司马东海徐羡之为穆之之副，左将军朱龄石守卫殿省，徐州刺史刘怀慎守卫京师，扬州别驾从事史张裕任留州事。怀慎，怀敬之弟也。

刘穆之内总朝政，外供军旅，决断如流，事无拥滞。宾客辐凑，求诉百端，内外咨

禀，盈阶满室；目览辞讼，手答笺书，耳行听受，口并酬应，不相参涉，悉皆赡举。又喜宾客，言谈赏笑，弥日无倦。裁有闲暇，手自写书，寻览校定。性奢豪，食必方丈，旦辄为十人馔，未尝独餐。尝白裕曰：「穆之家本贫贱，赡生多阙。自叨忝以来，虽每存约损，而朝夕所须，微为过丰。自此外，一毫不以负公。」中军咨议参军张邵言于裕曰：「人生危脆，必当远虑。穆之若邂逅不幸，谁可代之？尊业如此，苟有不讳，处分云何？」裕曰：「此自委穆之及卿耳。」

丁巳，裕发建康，遣龙骧将军王镇恶、冠军将军檀道济将步军自淮、淝向许、洛，新野太守朱超石、宁朔将军胡藩趋阳城，振武将军沈田子、建威将军傅弘之趋武关，建武将军沈林子、彭城内史刘遵考将水军出石门，自汴入河，以冀州刺史五仲德督前锋诸军，开巨野入河。遵考，裕之族弟也。刘穆之谓王镇恶曰：「公今委卿以伐秦之任，卿其勉之！」镇恶曰：「吾不克关中，誓不复济江！」

裕既行，青州刺史檀祗自广陵辄帅众至涂中掩讨亡命。刘穆之恐祗为变，议欲遣军。时檀韶为江州刺史，张邵曰：「今韶据中流，道济为军首，若有相疑之迹，则大府立危，不如逆遣慰劳以观其意，必无患也。」穆之乃止。

初，魏主嗣使公孙表讨白亚栗斯，曰：「必先与秦洛阳戍将相闻，使备河南岸，然

嗣谋于群臣曰：「胡叛逾年，讨之不克，其众繁多，为患日深。今盛秋不可复发兵，妨民农务，将若之何？」白马侯崔宏曰：「胡众虽多，无健将御之，终不能成大患。表等诸军，不为不足，但法令不整，处分失宜，以致败耳。得大将素有威望者将数百骑往摄表军，无不克矣。相州刺史叔孙建前在并州，为胡、魏所畏服，诸将莫及，可遣也。」嗣从之，以建为中领军，督表等讨虎。九月，戊午，大破之，斩首万馀级，虎及司马顺宰皆死，俘其众十万馀口。

太尉裕至彭城，加领徐州刺史；以太原王玄谟为从事史。

初，王廞之败也，沙门昙永匿其幼子华，使提衣襆自随，津逻疑之。昙永呵华曰：「奴子何不速行！」棰之数十，由是得免；遇赦，还吴。以其父存亡不测，布衣蔬食，绝交游不仕，十馀年。裕闻华贤，欲用之，乃发廞丧，使华制服。服阕，辟为徐州主簿。

王镇恶、檀道济入秦境，所向皆捷。秦将王苟生以漆丘降镇恶，徐州刺史姚掌以项城降道济，诸屯守皆望风款附。惟新蔡太守董遵不下，道济攻拔其城，执遵，杀之。进克许昌，获秦颍川太守姚垣及大将杨业。沈林子自汴入河，襄邑人董神虎聚众千馀人来

降。太尉裕版为参军。林子与神虎共攻仓垣，克之，秦兖州刺史韦华降。神虎擅还襄邑，林子杀之。

秦东平公绍言于秦主泓曰：『晋兵已过许昌，安定孤远，难以救卫，宜迁其镇户，内实京畿，可得精兵十万，虽晋、夏交侵，犹不亡国。不然，晋攻豫州，夏攻安定，将若之何？事机已至，宜在速决。』左仆射梁喜曰：『齐公恢有威名，为岭北所惮，镇人已与勃勃深仇，理应守死无贰。勃勃终不能越安定远寇京畿；若无安定，虏马必至于郿。今关中兵足以拒晋，无为豫自损削也。』泓从之。吏部郎懿横密言于泓曰：『恢于广平之难，有忠勋于陛下。自陛下龙飞绍统，未有殊赏以答其意。今外则置之死地，内则不豫朝权，安定人自以孤危逼寇，思南迁者十室而九，若恢拥精兵数万，鼓行而向京师，得不为社稷之累乎！宜征还朝廷以慰其心。』泓曰：『恢若怀不逞之心，征之适所以速祸耳。』又不从。

王仲德水军入河，将逼滑台。魏兖州刺史尉建畏懦，帅众弃城，北渡河。仲德入滑台，宣言曰：『晋本欲以布帛七万匹假道于魏，不谓魏之守将弃城遽去。』魏主嗣闻之，遣叔孙建、公孙表自河内向枋头，因引兵济河，斩尉建于城下，投尸于河。呼仲德军人，问以侵寇之状。仲德使司马竺和之对曰：『刘太尉使王征虏自河入洛，清扫山陵，非敢为寇于魏也。魏之守将自弃滑台去，王征虏借空城以息兵，行当西引，于晋、魏之好无废也，何必扬旗鸣鼓以曜威乎！』嗣使建以问太尉裕，裕逊辞谢之曰：『洛阳，晋之旧都，而羌据之；晋欲修复山陵久矣。诸桓宗族，司马休之、国璠兄弟，鲁宗之父子，皆晋之蠹也，而羌收之以为晋患。今晋将伐之，欲假道于魏，非敢为不利也。』魏河内镇将于栗磾有勇名，筑垒于河上以备侵轶。裕以书与之，题曰『黑矟公麾下』。栗磾好操黑矟以自标，故裕以此目之。魏因拜栗磾为黑矟将军。

冬，十月，壬戌，魏主嗣如豺山宫。

初，燕将库傉官斌降魏，既而复叛归燕。魏主嗣遣骁骑将军延普渡濡水击斌，斩之；遂攻燕幽州刺史库傉官昌、征北将军库傉官提，皆斩之。

秦阳城、荥阳二城皆降，晋兵进至成皋。秦征南将军陈留公洸镇洛阳，遣使求救于长安。秦主泓遣越骑校尉阎生帅骑三千救之，武卫将军姚益男将步卒一万助守洛阳，又遣并州牧姚懿南屯陕津，为之声援。宁朔将军赵玄言于洸曰：『今晋寇益深，人情骇动，众寡不敌，若出战不捷，则大事去矣。宜摄诸戍之兵，固守金墉，以待西师之救。金墉不下，晋必不敢越我而西，是我不战而坐收其弊也。』司马姚禹阴与檀道济通，主簿阎恢、杨虔，皆禹之党也，共嫉玄，言于洸曰：『殿下以英武之略，受任方面；今婴

城示弱，得无为朝廷所责乎！」洸以为然，乃遣赵玄将兵千馀南守柏谷坞，广武将军石无讳东戍巩城。玄泣谓洸曰：「玄受三帝重恩，所守正有死耳。但明公不用忠臣之言，为奸人所误，后必悔之。」既而成皋、虎牢皆来降，檀道济等长驱而进，无讳至石关，奔还。龙骧司马荥阳毛德祖与玄战于柏谷，玄兵败，被十馀创，据地大呼。玄司马蹇鉴冒刃抱玄而泣，玄曰：「吾创已重，君宜速去！」鉴曰：「将军不济，鉴去安之！」与之皆死。姚禹逾城奔道济。甲子，道济进逼洛阳。丙寅，洸出降。道济获秦人四千馀人，议者欲尽坑之以为京观。道济曰：「伐罪吊民，正在今日！」皆释而遣之。于是夷、夏感悦，归之者甚众。阎生、姚益男未至，闻洛阳已没，不敢进。

己丑，诏遣兼司空高密王恢之修谒五陵，置守卫。太尉裕以冠军将军毛修之为河南、河内二郡太守，行司州事，戍洛阳。

西秦王炽磐使秦州刺史王松寿镇马头，以逼秦之上邽。

十一月，甲戌，魏主嗣还平城。

太尉裕遣左长史王弘还建康，讽朝廷求九锡。时刘穆之掌留任，而旨从北来，穆之由是愧惧发病。弘，珣之子也。十二月，壬申，诏以裕为相国、总百揆、扬州牧，封十郡为宋公，备九锡之礼，位在诸侯王上，领征西将军、司、豫、北徐、雍四州刺史如故，裕辞不受。

西秦王炽磐遣使诣太尉裕，求击秦以自效。裕拜炽磐平西将军、河南公。

秦姚懿司马孙畅说懿使袭长安，诛东平公绍，废秦主泓而代之。懿以为然，乃散谷以赐河北夷、夏，欲树私恩。左常侍张敞、侍郎左雅谏曰：「殿下以母弟居方面，安危休戚，与国同之。今吴寇内侵，四州倾没，西虏扰边，秦、凉覆败，朝廷之危，有如累卵。谷者，国之本也，而殿下无故散之，虚损国储，将若之何？」懿怒，笞杀之。

泓闻之，召东平公绍，密与之谋。绍曰：「懿性识鄙浅，从物推移。造此谋者，必孙畅也。但驰使征畅，遣抚军将军赞据陕城，臣向潼关为诸军节度，若畅奉诏而至，臣当遣懿帅河东见兵共御晋师；若不受诏命，便当声其罪而讨之。」泓曰：「叔父之言，社稷之计也。」乃遣姚赞及冠军将军司马国璠、建义将军蛇玄屯陕津，武卫将军姚驴屯潼关。

懿遂举兵称帝，传檄州郡，欲运匈奴堡谷以给镇人。宁东将军姚成都拒之，懿卑辞诱之，送佩刀为誓，成都不从。懿遣骁骑将军王国帅甲士数百攻成都，成都击禽之，遣使让懿曰：「明公以至亲当重任，国危不能救，而更图非望；三祖之灵，其肯佑明公乎！成都将纠合义兵，往见明公于河上耳。」于是传檄诸城，谕以逆顺，征兵调食以讨

懿。懿亦发诸城兵，莫有应者，惟临晋数千户应懿。成都引兵济河，击临晋叛者，破之。镇人安定郭纯等起兵围懿。东平公绍入蒲阪，执懿，诛孙畅等。

是岁，魏卫将军安城孝元王叔孙俊卒。魏主嗣甚惜之，谓其妻桓氏曰：『生同其荣，能没同其戚乎？』桓氏乃缢而祔焉。

丁零翟猛雀驱掠吏民，入白涧山为乱；魏内都大官河内张蒲与冀州刺史长孙道生讨之。道生，嵩之从子也。道生欲进兵击猛雀，蒲曰：『吏民非乐为乱，为猛雀所迫胁耳。今不分别，并击之，虽欲返善，其道无由，必同心协力，据险以拒官军，未易猝平也。不如先遣使谕之，以不与猛雀同谋者皆不坐，则必喜而离散矣。』道生从之，降者数千家，使复旧业。猛雀与其党百馀人出走，蒲等追斩猛雀首，左部尚书周几穷讨馀党，悉诛之。

资治通鉴卷第一百一十八

晋纪四十 起强圉大荒落，尽屠维协洽，凡三年。

安皇帝癸

义熙十三年（丁巳，公元四一七年）

春，正月，甲戌朔，日有食之。

秦主泓朝会百官于前殿，以内外危迫，君臣相泣。征北将军齐公恢帅安定镇户三万八千，焚庐舍，自北雍州趋长安，自称大都督、建义大将军，移檄州郡，欲除君侧之恶；扬威将军姜纪帅众归之，建节将军彭完都弃阴密奔还长安。恢至新支，姜纪说恢曰：『国家重将、大兵皆在东方，京师空虚，公亟引轻兵袭之，必克。』恢不从，南攻郿城。镇西将军姚谌为恢所败，长安大震。泓驰使征东平公绍，遣姚裕及辅国将军胡翼度屯澧西。扶风太守姚俊等皆降于恢。东平公绍引诸军西还，与恢相持于灵台，姚赞留

礼。

太尉裕引水军发彭城，留其子彭城公义隆镇彭城。诏以义隆为监徐、兖、青、冀四

州诸军事、徐州刺史。

凉公暠寝疾，遗命长史宋繇曰：『吾死之后，世子犹卿子也，善训导之。』二月，暠卒，官属奉世子歆为大都督、大将军、凉公、领凉州牧。大赦，改元嘉兴。尊歆母天水尹氏为太后。以宋繇录三府事。谥暠曰武昭王，庙号太祖。

西秦安东将军木弈干击吐谷浑树洛干，破其弟阿柴于尧杆川，俘五千馀口而还。树洛干走保白兰山，惭愤发疾，将卒，谓阿柴曰：『吾子拾虔幼弱，今以大事付汝。』树洛干卒，阿柴立，自称骠骑将军、沙州刺史。谥树洛干曰武王。阿柴稍用兵侵并其傍小种，地方数千里，遂为强国。

河西王蒙逊遣其将袭乌啼部，大破之；又击卑和部，降之。

王镇恶进军渑池，遣毛德祖袭尹雅于蠡吾城，禽之，雅杀守者而逃。镇恶引兵径前，抵潼关。

檀道济、沈林子自陕北渡河，拔襄邑堡，秦河北太守薛帛奔河东。又攻秦并州刺史尹昭于蒲阪，不克。别将攻匈奴堡，为姚成都所败。

辛酉，荥阳守将傅洪以虎牢降魏。

秦主泓以东平公绍为太宰、大将军、都督中外诸军事，假黄钺，改封鲁公，使督武

卫将军姚鸾等步骑五万守潼关，又遣别将姚驴救蒲阪。

沈林子谓檀道济曰：『蒲阪城坚兵多，不可猝拔，攻之伤众，守之引日。王镇恶在潼关，势孤力弱，不如与镇恶合势并力，以争潼关。若得之，尹昭不攻自溃矣。』道济从之。

三月，道济、林子至潼关，秦鲁公绍引兵出战，道济、林子奋击，大破之，斩获以千数。绍退屯定城，据险拒守，谓诸将曰：『道济等兵力不多，悬军深入，不过坚壁以待继援。吾分军绝其粮道，可坐禽也。』乃遣姚鸾屯大路以绝道济粮道。

鸾遣尹雅将兵与晋战于关南，为晋兵所获，将杀之。雅曰：『雅前日已当死，幸得脱至今，死固甘心。然夷、夏虽殊，君臣之义一也。晋以大义行师，独不使秦有守节之臣乎！』乃免之。

丙子夜，沈林子将锐卒袭鸾营，斩鸾，杀其士卒数千人。绍又遣东平公赞屯河上以断水道；沈林子击之，赞败走，还定城。薛帛据河曲来降。

太尉裕将水军自淮、泗入清河，将溯河西上，先遣使假道于魏；秦主泓亦遣使请救于魏。魏主嗣使群臣议之，皆曰：『潼关天险，刘裕以水军攻之，甚难；若登岸北侵，其势便易。裕声言伐秦，其志难测。且秦，婚姻之国，不可不救也。宜发兵断河上流，勿使得西。』博士祭酒崔浩曰：『裕图秦久矣。今姚兴死，子泓懦劣，国多内难。裕乘其危而伐之，其志必取。若遏其上流，裕心忿戾，必上岸北侵，是我代秦受敌也。今柔然寇边，民食又乏，若复与裕为敌，发兵南赴则北寇愈深，救北则南州复危，非良计也。不若假之水道，听裕西上，然后屯兵以塞其东。使裕克捷，必德我之假道；不捷，吾不失救秦之名。此策之得者也。且南北异俗，借使国家弃恒山以南，裕必不能以吴、越之兵与吾争守河北之地，安能为吾患乎！夫为国计者，惟社稷是利，岂顾一女子乎！』议者犹曰：『裕西入关，则恐吾断其后，腹背受敌；北上，则姚氏必不出关助我，其势必声西而实北也。』嗣乃以司徒长孙嵩督山东诸军事，又遣振威将军娥清、冀州刺史阿薄干将步骑十万屯河北岸。

庚辰，裕引军入河，以左将军向弥为北青州刺史，留戍碻磝。

初，裕命王镇恶等：『若克洛阳，须大军到俱进。』镇恶等乘利径趋潼关，为秦兵所拒，不得前。久之，乏食，众心疑惧，或欲弃辎重还赴大军。沈林子按剑怒曰：『相公志清六合，今许、洛已定，关右将平，事之济否，系于前锋。奈何沮乘胜之气，弃垂成之功乎！且大军尚远，贼众方盛，虽欲求还，岂可得乎！』下官授命不顾，今日之事，当自为将军办之，未知二三君子将何面以见相公之旗鼓邪！』镇恶等遣使驰告裕，

求遣粮援。裕呼使者，开舫北户，指河上魏军以示之曰：『我语令勿进，今轻佻深入。岸上如此，何由得遣军！』镇恶乃亲至弘农，说谕百姓，百姓竞送义租，军食复振。

魏人以数千骑缘河随裕军西行；军人于南岸牵百丈，风水迅急，有漂渡北岸者，辄为魏人所杀略。裕遣军击之，裁登岸则走，退则复来。夏，四月，裕遣白直队主丁旿帅仗士七百人、车百乘，渡北岸，去水百馀步，为却月阵，两端抱河，车置七仗士，事毕，使竖一白毦；魏人不解其意，皆未动。裕先命宁朔将军朱超石戒严，白毦既举，超石帅二千人驰往赴之，赍大弩百张，一车益二十人，设彭排于辕上。魏人见营阵既立，乃进围之；长孙嵩帅三万骑助之，四面肉薄攻营，弩不能制。时超石别赍大锤及稍千馀张，乃断稍长三四尺，以锤锤之，一稍辄洞贯三四人。魏兵不能当，一时奔溃，死者相积；临陈斩阿薄干，魏人退还畔城。超石帅宁朔将军胡藩、宁远将军刘荣祖追击，又破之，杀获千计。魏主嗣闻之，乃恨不用崔浩之言。

秦鲁公绍遣长史姚洽、宁朔将军安鸾、护军姚墨蠡、河东太守唐小方帅众二千屯河北之九原，阻河为固，欲以绝檀道济粮援。沈林子邀击，破之，斩洽、墨蠡、小方，杀获殆尽。林子因启太尉裕曰：『绍气盖关中，今兵屈于外，国危于内，恐其凶命先尽，不得以膏齐斧耳。』绍闻洽等败死，愤恚，发病呕血，以兵属东平公赞而卒。赞既代绍，众力犹盛，引兵袭林子，林子复击破之。

太尉裕至洛阳，行视城堑，嘉毛修之完葺之功，赐衣服玩好，直二千万。

丁巳，魏主嗣如高柳。壬戌，还平城。

河西王蒙逊大赦，遣张掖太守沮渠广宗诈降，以诱凉公歆，歆发兵应之。蒙逊将兵三万伏于蓼泉，歆觉之，引兵还。蒙逊追之，歆与战于解支涧，大破之，斩首七千馀级。蒙逊城建康，置戍而还。

五月，乙未，齐郡太守王懿降于魏，上书言：『刘裕在洛，宜发兵绝其归路，可不战而克。』魏主嗣善之。

崔浩侍讲在前，嗣问之曰：『刘裕伐姚泓，果能克乎？』对曰：『克之。』嗣曰：『何故？』对曰：『昔姚兴好事虚名而少实用，子泓懦而多病，兄弟乖争。裕乘其危，兵精将勇，何故不克！』嗣曰：『裕才何如慕容垂？』对曰：『胜之。垂藉父兄之资，修复旧业，国人归之，若夜虫之就火，少加倚仗，易以立功。刘裕奋起寒微，不阶尺土，讨灭桓玄，兴复晋室，北禽慕容超，南枭卢循，所向无前，非其才之过人，安能如是乎！』嗣曰：『裕既入关，不能进退，我以精骑直捣彭城、寿春，裕将若之何？』对曰：『今西有屈丐，北有柔然，窥伺国隙。陛下既不可亲御六师，虽有精兵，未睹良

将。长孙嵩长于治国，短于用兵，非刘裕敌也。兴兵远攻，未见其利，不如且安静以待之，裕克秦而归，必篡其主。关中华、戎杂错，风俗劲悍；裕欲以荆、扬之化施之函、秦，此无异解衣包火，张罗捕虎；虽留兵守之，人情未洽，趋尚不同，适足为寇敌之资耳。愿陛下按兵息民以观其变，秦地终为国家之有。可坐而守也。」嗣笑曰：「卿料之审矣！」浩曰：「臣尝私论近世将相之臣：若王猛之治国，苻坚之管仲也；慕容恪之辅幼主，慕容暐之霍光也；刘裕之平祸乱，司马德宗之曹操也。」嗣曰：「屈丐何如？」浩曰：「屈丐国破家覆，孤子一身，寄食姚氏，受其封殖。不思酬恩报义，而乘时徼利，盗有一方，结怨四邻。撅竖小人，虽能纵暴一时，终当为人所吞食耳。」嗣大悦，语至夜半，赐浩御缥醪十觚，水精盐一两，曰：「朕味卿言，如此盐、酒，故欲与卿共飨其美。」然犹命长孙嵩、叔孙建各简精兵，伺裕西过，自成皋济河，南侵彭、沛，若不时过，则引兵随之。

魏主嗣西巡至云中，遂济河，畋于大漠。

魏置天地四方六部大人，以诸公为之。

秋，七月，太尉裕至陕。沈田子、傅弘之入武关，秦戍将皆委城走。田子等进屯青泥，秦主泓使给事黄门侍郎姚和都屯峣柳以拒之。

西秦相国翟勍卒；八月，以尚书令昙达为左丞相，右仆射元基为右丞相，御史大夫

麹景为尚书令，侍中翟绍为左仆射。

太尉裕至閿乡，沈田子等将攻峣柳。秦主泓欲自将以御裕军，恐田子等袭其后，欲先击灭田子等，然后倾国东出；乃帅步骑数万，奄至青泥。田子本为疑兵，所领裁千馀人，闻泓至，欲击之；傅弘之以众寡不敌止之，田子曰：「兵贵用奇，不必在众。且今众寡相悬，势不两立，若彼结围既固，则我无所逃矣。不如乘其始至，营陈未立，先薄之，可以有功。」遂帅所领先进，弘之继之。秦兵合围数重。田子抚慰士卒曰：「诸君冒险远来，正求今日之战，死生一决，封侯之业于此在矣！」士卒皆踊跃鼓噪，执短兵奋击，秦兵大败，斩馘万馀级，得其乘舆服御物，秦主泓奔还灞上。

关中郡县多潜送款于田子。

辛丑，太尉裕至潼关，以朱超石为河东太守，使与振武将军徐猗之会薛帛于河北，共攻蒲阪。秦平原公璞与姚和都共击之，猗之败死，超石奔还潼关。东平公赞遣司马国璠引魏兵以蹑裕后。

王镇恶请帅水军自河入渭以趋长安，裕许之。秦恢武将军姚难自香城引兵而西，镇

恶追之；秦王泓自灞上引兵还屯石桥以为之援，镇北将军姚强与难合兵屯泾上以拒镇恶。镇恶使毛德祖进击，破之，强死，难奔长安。

东平公赞退屯郑城，太尉裕进军逼之。泓使姚丕守渭桥，胡翼度屯石积，东平公赞屯灞东，泓屯逍遥园。

镇恶溯渭而上，乘蒙冲小舰，行船者皆在舰内；秦人见舰进而无行船者，皆惊以为神。壬戌旦，镇恶至渭桥，令军士食毕，皆持仗登岸，后登者斩。众既登，渭水迅急，舰皆随流，倏忽不知所在。时泓所将尚数万人。镇恶谕士卒曰：『吾属并家在江南，此为长安北门，去家万里，舟楫、衣粮皆已随流。今进战而胜，则功名俱显；不胜，则骸骨不返，无他歧矣。卿等勉之！』乃身先士卒，众腾踊争进，大破姚丕于渭桥。泓引兵救之，为丕败卒所蹂践，不战而溃。姚谌等皆死，泓单马还宫。镇恶入自平朔门，泓与姚裕等数百骑逃奔石桥。东平公赞闻泓败，引兵赴之，众皆溃去。胡翼度降于太尉裕。

泓将出降，其子佛念，年十一，言于泓曰：『晋人将逞其欲，虽降必不免，不如引决。』泓怃然不应。佛念登宫墙自投而死。癸亥，泓将妻子、群臣诣镇恶垒门请降，镇恶以属吏。城中夷、晋六万馀户，镇恶以国恩抚慰，号令严肃，百姓安堵。

九月，太尉裕至长安，镇恶迎于灞上。裕劳之曰：『成吾霸业者，卿也！』镇恶再拜谢曰：『明公之威，诸将之力，镇恶何功之有！』裕笑曰：『卿欲学冯异邪？』镇恶性贪，秦府库盈积，镇恶盗取不可胜纪；裕以其功大，不问。或谮诸裕曰：『镇恶藏姚泓伪辇，将有异志。』裕使人觇之，镇恶剔取其金银，弃辇于垣侧，裕意乃安。

裕收秦彝器、浑仪、土圭、记里鼓、指南车送诣建康。其馀金玉、缯帛、珍宝，皆以颁赐将士。秦平原公璞、并州刺史尹昭以蒲阪降，东平公赞帅宗族百馀人诣裕降，裕皆杀之。送姚泓至建康，斩于市。裕以薛辩为平阳太守，使镇捍北道。

裕议迁都洛阳，谘议参军王仲德曰：『非常之事，固非常人所及，必致骇动。今暴师日久，士卒思归，迁都之计，未可议也。』裕乃止。

羌众十馀万口西奔陇上，沈林子追击至槐里，俘虏万计。

河西王蒙逊闻太尉裕灭秦，怒甚。门下校郎刘祥入言事，蒙逊曰：『汝闻刘裕入关，敢研研然也！』遂斩之。

初，夏王勃勃闻太尉裕伐秦，谓群臣曰：『姚泓非裕敌也。且其兄弟内叛，安能拒人！裕取关中必矣。然裕不能久留，必将南归，留子弟及诸将守之，吾取之如拾芥耳。』乃秣马砺兵，训养士卒，进据安定，秦岭北郡县镇戍皆降之。裕遣使遗勃勃书，约为兄弟；勃勃使中书侍郎皇甫徽为报书而阴诵之，对裕使者，口授舍人使书之。裕读

其文，叹曰：『吾不如也！』

广州刺史谢欣卒，东海人徐道期聚众攻陷州城，进攻始兴，始兴相彭城刘谦之讨诛之。诏以谦之为广州刺史。

癸酉，司马休之、司马文思、司马国璠、司马道赐、鲁轨、韩延之、刁雍、王慧龙及桓温之孙道度、道子、族人桓谧、桓璲、陈郡袁式等皆诣魏长孙嵩降。秦匈奴镇将姚成都及弟和都举镇降魏。魏主嗣诏民间得姚氏子弟送平城者赏之。冬，十月，己酉，嗣召长孙嵩等还。司马休之寻卒于魏。魏赐国璠爵淮南公，道赐爵池阳子，鲁轨爵襄阳公。刁雍表求南鄙自效，嗣以雍为建义将军。雍聚众于河、济之间，扰动徐、兖；太尉裕遣兵讨之，不克，雍进屯固山，众至二万。

诏进宋公爵为王，增封十郡；辞不受。

西秦王炽磐遣左丞相昙达等击秦故将姚艾，艾遣使称藩，炽磐以艾为征东大将军、秦州牧。征王松寿为尚书左仆射。

十一月，魏叔孙建等讨西山丁零翟蜀洛支等，平之。

辛未，刘穆之卒。太尉裕闻之，惊恸哀惋者累日。始，裕欲留长安经略西北，而诸将佐皆久役思归，多不欲留。会穆之卒，裕以根本无托，遂决意东还。

穆之之卒也，朝廷恇惧，欲发诏，以太尉左司马徐羡之代之，中军咨议参军张卲曰：『今诚急病，任终在徐；然世子无专命，宜须谘之。』裕欲以王弘代穆之，从事中郎谢晦曰：『休元轻易，不若羡之。』乃以羡之为吏部尚书、建威将军、丹阳尹，代管留任。于是朝廷大事常决于穆之者，并悉北咨。

裕以次子桂阳公义真为都督雍、梁、秦三州诸军事、安西将军、领雍、东秦二州刺史。义真时年十二。以太尉咨议参军京兆王修为长史，王镇恶为司马、领冯翊太守，沈田子、毛德祖皆为中兵参军，仍以田子领始平太守，德祖领秦州刺史、天水太守，傅弘之为雍州治中从事史。

先是，陇上流户寓关中者，望因兵威得复本土；及置东秦州，知裕无复西略之意，皆叹息失望。

关中人素重王猛，裕之克长安，王镇恶功为多，由是南人皆忌之。沈田子自以峣柳之捷，与镇恶争功不平。裕将还，田子及傅弘之屡言于裕曰：『镇恶家在关中，不可保信。』裕曰：『今留卿文武将士精兵万人，彼若欲为不善，正足自灭耳。勿复多言。』裕私谓田子曰：『钟会不得遂其乱者，以有卫瓘故也。语曰：「猛兽不如群狐」，卿等十馀人，何惧王镇恶！』

臣光曰：古人有方：『疑则勿任，任则勿疑。』裕既委镇恶以关中，而复与田子有后言，是斗之使为乱也。惜乎！百年之寇，千里之土，得之艰难，失之造次，使丰、鄗之都复输寇手。荀子曰：『兼并易能也，坚凝之难。』信哉！

三秦父老闻裕将还，诣门流涕诉曰：『残民不沾王化，于今百年，始睹衣冠，人人相贺。长安十陵是公家坟墓，咸阳宫殿是公家室宅，舍此欲何之乎！』裕为之愍然，慰谕之曰：『受命朝廷，不得擅留。诚多诸君怀本之志，今以次息与文武贤才共镇此境，勉与之居。』十二月，庚子，裕发长安，自洛入河，开汴渠而归。

氐豪徐骇奴、齐元子等拥部落三万在雍，遣使请降于魏。魏主嗣遣将军王洛生、河内太守杨声等西行以应之。

闰月，壬申，魏主嗣如大宁长川。

秦、雍人千余家推襄邑令上谷寇赞为主，以降于魏，魏主嗣拜赞魏郡太守。久之，秦、雍人流入魏之河南、荥阳、河内者，户以万数。嗣乃置南雍州，以赞为刺史，封河南公，治洛阳，立雍州郡县以抚之。赞善于招怀，流民归之者，三倍其初。

夏王勃勃闻太尉裕东还，大喜，问于王买德曰：『朕欲取关中，卿试言其方略。』买德曰：『关中形胜之地，而裕以幼子守之。狼狈而归，正欲急成篡事耳，不暇复以中原为意。此天以关中赐我，不可失也。青泥、上洛，南北之险要，宜先遣游军断之；东塞潼关，绝其水陆之路；然后传檄三辅，施以威德，则义真在网罟之中，不足取也。』勃勃乃以其子抚军大将军璝都督前锋诸军事，帅骑二万向长安，前将军昌屯潼关，以买德为抚军右长史，屯青泥，勃勃将大军为后继。

是岁，魏都坐大官章安侯封懿卒。

十四年（戊午，公元四一八年）

春，正月，丁酉朔，魏主嗣至平城，命护高车中郎将薛繁帅高车、丁零北略，至弱水而还。

辛巳，大赦。

夏赫连璝至渭阳，关中民降之者属路。龙骧将军沈田子将兵拒之，畏其众盛，退屯刘回堡，遣使还报王镇恶。镇恶谓王修曰：『公以十岁儿付吾属，当共思竭力；而拥兵不进，虏何由得平！』使者还，以告田子。田子与镇恶素有相图之志，由是益忿惧。未几，镇恶与田子俱出北地以拒夏兵，军中讹言：『镇恶欲尽杀南人，以数十人送义真南还。因据关中反。』辛亥，田子请镇恶至傅弘之营计事。田子求屏人语，使其宗人沈敬仁斩之幕下，矫称受太尉令诛之。弘之奔告刘义真，义真与王修被甲登横门以察其变。

俄而田子帅数十人来至，言镇恶反。修执田子，数以专戮，斩之；以冠军将军毛修之代镇恶为安西司马，傅弘之大破赫连璝于池阳，又破之于寡妇渡，斩获甚众，夏兵乃退。

壬戌，太尉裕至彭城，解严，琅邪王德文先归建康。

裕闻王镇恶死，表言『沈田子忽发狂易，奄害忠勋。』追赠镇恶左将军、青州刺史。

以彭城内史刘遵考为并州刺史、领河东太守，镇蒲阪；征荆州刺史刘道怜为徐、兖二州刺史。

裕欲以世子义符镇荆州，以徐州刺史刘义隆为司州刺史，镇洛阳。中军谘议张卲谏曰：『储贰之重，四海所系，不宜处外。』乃更以义隆为都督荆、益、宁、雍、梁、秦六州诸军事、西中郎将、荆州刺史，以南郡太守到彦之为南蛮校尉，张卲为司马、领南郡相，冠军功曹王昙首为长史，北徐州从事王华为西中郎主簿，沈林子为西中郎参军。义隆尚幼，府事皆决于卲。昙首，弘之弟也。裕谓义隆曰：『王昙首沉毅有器度，宰相才也，汝每事咨之。』

以南郡公刘义庆为豫州刺史。义庆，道怜之子也。

裕解司州，领徐、冀二州刺史。

秦王炽磐以乞伏木弈干为沙州刺史，镇乐都。二月，乙弗乌地延帅户二万降秦。

三月，遣使聘魏。

夏，四月，己巳，魏徙冀、定、幽三州徒河于代都。

初，和龙有赤气四塞蔽日，自寅至申，燕太史令张穆言于燕王跋曰：『此兵气也。今魏方强盛，而执其使者，好命不通，臣窃惧焉。』跋曰：『吾方思之。』五月，魏主嗣东巡，至濡源及甘松，遣征东将军长孙道生、安东将军李先、给事黄门侍郎奚观帅精骑二万袭燕，又命骁骑将军延普、幽州刺史尉诺自幽州引兵趋辽西，为之声势，嗣屯突门岭以待之。道生等拔乙连城，进攻和龙，与燕单于右辅古泥战，破之，杀其将皇甫轨。燕王跋婴城自守，魏人攻之，不克，掠其民万馀家而还。

六月，太尉裕始受相国、宋公、九锡之命。赦国中殊死以下，崇继母兰陵萧氏为太妃。以太尉军谘祭酒孔靖为宋国尚书令，左长史王弘为仆射，领选，从事中郎傅亮、蔡廓皆为侍中，谢晦为右卫将军，右长史郑鲜之为奉常，行参军殷景仁为秘书郎，其馀百官，悉依天朝之制。靖辞不受。亮，咸之孙；廓，谟之曾孙；鲜之，浑之玄孙；景仁，融之曾孙也。景仁学不为文，敏有思致，口不谈义，深达理体；至于国典、朝仪、旧章、记注，莫不撰录，识者知其有当世之志。

魏天部大人白马文贞公崔宏疾笃，魏主遣侍臣问病，一夜数返。及卒，诏群臣及附国渠帅皆会葬。

秋，七月，戊午，魏主嗣至平城。

九月，甲寅，魏人命诸州调民租，户五十石，积于定、相、冀三州。

河西王蒙逊复引兵伐凉，凉公歆将拒之，左长史张体顺固谏，乃止。蒙逊芟其秋稼而还。

歆遣使来告袭位。冬，十月，以歆为都督七郡诸军事、镇西大将军、酒泉公。

姚艾叛秦，降河西王蒙逊，蒙逊引兵迎之。艾叔父隽言于众曰：「秦王宽仁有雅度，自可安居事之，何为从河西王西迁！」众咸以为然，乃相与逐艾，推隽为主，复归于秦。秦王炽磐征隽为侍中、中书监、征南将军，赐爵陇西公，以左丞相昙达为都督洮、罕以东诸军事、征东大将军、秦州牧，镇南安。

刘义真年少，赐与左右无节，王修每裁抑之。左右皆怨，谮修于义真曰：「王镇恶欲反，故沈田子杀之。修杀田子，是亦欲反也。」义真信之，使左右刘乞等杀修。修既死，人情离骇，莫相统壹。义真悉召外军入长安，闭门拒守。关中郡县悉降于夏。赫连璝夜袭长安，不克，夏王勃勃进据咸阳，长安樵采路绝。

宋公裕闻之，使辅国将军蒯恩如长安，召义真东归；以相国右司马朱龄石为都督关中诸军事、右将军、雍州刺史，代镇长安。裕谓龄石曰：「卿至，可敕义真轻装速发，既出关，然后可徐行。若关右必不可守，可与义真俱归。」又命中书侍郎朱超石慰劳河、洛。

十一月，龄石至长安。义真将士贪纵，大掠而东，多载宝货、子女，方轨徐行。雍州别驾韦华奔夏，赫连璝帅众三万追义真。建威将军傅弘之曰：「公处分亟进；今多将辎重，一日行不过十里，虏追骑且至，何以待之！宜弃车轻行，乃可以免。」义真不从。俄而夏兵大至，傅弘之、蒯恩断后，力战连日。至青泥，晋兵大败，弘之、恩皆为王买德所禽。司马毛修之与义真相失，亦为夏兵所禽。义真行在前，会日暮，夏兵不穷追，故得免；左右尽散，独逃草中。中兵参军段宏单骑追寻，缘道呼之，义真识其声，出就之，曰：「君非段中兵邪？身在此，行矣！必不两全，可刎身头以南，使家公望绝。」宏泣曰：「死生共之，下官不忍。」乃束义真于背，单马而归。义真谓宏曰：「今日之事，诚无算略；然丈夫不经此，何以知艰难！」

夏王勃勃欲降傅弘之，弘之不屈。时天寒，勃勃裸之，弘之叫骂而死。勃勃积人头为京观，号曰髑髅台。长安百姓逐朱龄石，龄石焚其宫殿，奔潼关。勃勃入长安，大飨

将士，举觞谓王买德曰：『卿往日之言，一期而验，可谓算无遗策。此觞所集，非卿而谁！』以买德为都官尚书，封河阳侯。

龙骧将军王敬先戍曹公垒，龄石往从之。朱超石至蒲阪，闻龄石所在，亦往从之。赫连昌攻敬先垒，断其水道。众渴，不能战，城且陷。龄石谓超石曰：『弟兄俱死异域，使老亲何以为心！尔求间道亡归，我死此，无恨矣。』超石持兄泣曰：『人谁不死，宁忍今日辞兄去乎！』遂与敬先及右军参军刘钦之皆被执，送长安，勃勃杀之。钦之弟秀之悲泣不欢燕者十年。钦之，穆之之从兄子也。

宋公裕闻青泥败，未知义真存亡，怒甚，刻日北伐。侍中谢晦谏以『士卒疲弊，请俟他年』，不从。郑鲜之上表，以为：『虏闻殿下亲征，必并力守潼关。径往攻之，恐未易可克；若舆驾顿洛，则不足上劳圣躬。且虏虽得志，不敢乘胜过关陕者，犹慑服大威，为将来之虑故也。若造洛而返，虏必更有揣量之心，或益生边患。况大军远出，后患甚多。昔岁西征，刘钟狼狈；去年北讨，广州倾覆；既往之效，后来之鉴也。今诸州大水，民食寡乏，三吴群盗攻没诸县，皆由困于征役故也。江南士庶，引领颙颙以望殿下之返旆，闻更北出，不测浅深之谋，往还之期，臣恐返顾之忧更在腹心也。若虑西虏更为河、洛之患者，宜结好北虏；北虏亲则河南安，河南安则济、泗静矣。』会得段宏启，知义真得免，裕乃止，但登城北望，慨然流涕而已。降义真为建威将军、司州刺史；以段宏为宋台黄门郎、领太子右卫率。裕以天水太守毛德祖为河东太守，代刘遵考守蒲阪。

夏王勃勃筑坛于灞上，即皇帝位，改元昌武。

西秦王炽磐东巡；十二月，徙上邽民五千馀户于枹罕。

彗星出天津，入太微，经北斗，络紫微，八十馀日而灭。魏主嗣复召诸儒、术士问之曰：『今四海分裂，灾咎之应，果在何国？朕甚畏之。卿辈尽言，勿有所隐！』众推崔浩使对，浩曰：『夫灾异之兴，皆象人事，人苟无衅，又何畏焉？昔王莽将篡汉，彗星出入，正与今同。国家主尊臣卑，民无异望。晋室陵夷，危亡不远；彗之为异，其刘裕将篡之应乎！』众无以易其言。

宋公裕以谶云『昌明之后尚有二帝』，乃使中书侍郎王韶之与帝左右密谋酖帝而立琅邪王德文。德文常在帝左右，饮食寝处，未尝暂离；韶之伺之经时，不得间。会德文有疾，出居于外。戊寅，韶之以散衣缢帝于东堂。韶之，廙之曾孙也。裕因称遗诏，奉德文即皇帝位，大赦。

是岁，河西王蒙逊奉表称藩，拜凉州刺史。

尚书右仆射袁湛卒。

恭皇帝

元熙元年（己未，公元四一九年）

春，正月，壬辰朔，改元。

立琅邪王妃褚氏为皇后；后，裒之曾孙也。

魏主嗣畋于犊渚。

甲午，征宋公裕入朝，进爵为王。裕辞。

癸卯，魏主嗣还平城。

庚申，葬安皇帝于休平陵。

敕刘道怜司空出镇京口。

夏将叱奴侯提帅步骑二万攻毛德祖于蒲阪，德祖不能御，全军归彭城。二月，宋公裕以德祖为荥阳太守，戍虎牢。

夏主勃勃征隐士京兆韦祖思。祖思既至，恭惧过甚，勃勃怒曰：『我以国士征汝，汝乃以非类遇我，汝昔不拜姚兴，今何独拜我？我在，汝犹不以我为帝王；我死，汝曹

弄笔，当置我于何地邪！』遂杀之。

群臣请都长安，勃勃曰：『朕岂不知长安历世帝王之都，沃饶险固！然晋人僻远，终不能为吾患。魏与我风俗略同，土壤邻接，自统万距魏境裁百余里，朕在长安，统万必危；若在统万，魏必不敢济河而西。诸卿适未见此耳。』皆曰：『非所及也。』乃于长安置南台，以赫连璝领大将军、雍州牧、录南台尚书事；勃勃还统万，大赦，改元真兴。

勃勃性骄虐，视民如草芥。常居城上，置弓剑于侧，有所嫌忿，手自杀之。群臣迕视者凿其目，笑者决其唇，谏者先截其舌而后斩之。

初，司马楚之奉其父荣期之丧归建康。会宋公裕诛翦宗室之有才望者，楚之叔父宣期、兄贞之皆死，楚之亡匿竟陵蛮中。及从祖休之自江陵奔秦，楚之亡之汝、颍间，聚众以谋复仇。楚之少有英气，能折节下士，有众万余，屯据长社。裕使刺客沐谦往刺之，楚之待谦甚厚。谦欲发，未得间，乃夜称疾，知楚之必往问疾，因欲刺之。楚之果自赍汤药往视疾，情意勤笃，谦不忍发，乃出匕首于席下，以状告之曰：『将军为刘裕所忌，愿勿轻率以自保全。』遂委身事之，为之防卫。

王镇恶之死也，沈田子杀其兄弟七人，唯弟康得免，逃就宋公裕于彭城，裕以为相

国行参军。康求还洛阳视母；会长安不守，康纠合关中徙民，得百许人，驱帅侨户七百馀家，共保金墉城。时宗室多逃亡在河南，有司马文荣者，帅乞活千馀户屯金墉城南；又有司马道恭，自东垣帅三千人屯城西，司马顺明帅五千人屯陵云台，司马楚之屯柏谷坞。魏河内镇将于栗磾游骑在芒山上，攻逼交至，康坚守六旬。裕以康为河东太守，遣兵救之，平等皆散走。康劝课农桑，百姓甚亲赖之。

司马顺明、司马道恭及平阳太守薛辩皆降于魏，魏以辩为河东太守以拒夏人。

夏，四月，秦征西将军孔子帅骑五千讨吐谷浑觅地于弱水南，大破之，觅地帅其众六千降于夏，拜弱水护军。

庚辰，魏主嗣有事于东庙，助祭者数百国；辛巳，南巡至雁门。

五月，庚寅朔，魏主嗣观渔于㶟水。己亥，还平城。

凉公歆用刑过严，又好治宫室。从事中郎张显上疏，以为：『凉土三分，势不支久。兼并之本，在于务农；怀远之略，莫如宽简。今入岁已来，阴阳失序，风雨乖和；是宜减膳撤悬，侧身修道，而更繁刑峻法，缮筑不止，殆非所以致兴隆也。昔文王以百里而兴，二世以四海而灭，前车之轨，得失昭然。太祖以神圣之姿，为西夏所推，左取酒泉，右开西域。殿下不能奉承遗志，混壹凉土，侔踪张后，将何以下见先王乎！沮渠蒙逊，胡夷之杰，内修政事，外礼英贤，攻战之际，身先士卒，百姓怀之，乐为之用。臣谓殿下非但不能平殄蒙逊，亦惧蒙逊方为社稷之忧。』歆览之，不悦。

主簿氾称上疏谏曰：『天之子爱人主，殷勤至矣；故政之不修，下灾异以戒告之，改者虽危必昌，不改者虽安必亡。元年三月癸卯，敦煌谦德堂陷；八月，效榖地裂；二年元日，昏雾四塞；四月，日赤无光，二旬乃复；十一月，狐上南门；今兹春、夏，地频五震；六月，陨星于建康，臣虽学不稽古，行年五十有九，请为殿下略言耳目之所闻见，不复能远论书传之事也。乃者咸安之初，西平地裂，狐入谦光殿前；俄而秦师奄至，都城不守。梁熙既为凉州，不抚百姓，专为聚敛，建元十九年，姑臧南门崩，陨石于闲豫堂；明年为吕光所杀。段业称制此方，三年之中，地震五十馀所；既而先王龙兴于瓜州，蒙逊篡弑于张掖。此皆目前之成事，殿下所明知也。效榖，先王鸿渐之地；谦德，即尊之室；基陷地裂，大凶之征也。日者，太阳之精，中国之象；赤而无光，中国将衰。谚曰：「野兽入家，主人将去。」狐上南门，亦变异之大者也。今蛮夷益盛，中国益微。愿殿下亟罢宫室之役，止游畋之娱，延礼英俊，爱养百姓，以应天变，防未然。』歆不从。

秋，七月，宋公裕始受进爵之命。

八月，移镇寿阳，以度支尚书刘怀慎为督淮北诸军事、徐州刺史，镇彭城。

辛未，魏主嗣东巡；甲申，还平城。

九月，宋王裕自解扬州牧。

秦左卫将军匹达等将兵讨彭利和于漒川，大破之，利和单骑奔仇池；获其妻子，徙羌豪三千户于枹罕，漒川羌三万馀户皆安堵如故。冬，十月，以尚书右仆射王松寿为益州刺史，镇漒川。

宋王裕以河南萧条，乙酉，徙司州刺史义真为扬州刺史，镇石头。萧太妃谓裕曰：「道怜汝布衣兄弟，宜用为扬州。」裕曰：「寄奴于道怜，岂有所惜！扬州根本所寄，事务至多，非道怜所了。」太妃曰：「道怜年出五十，岂不如汝十岁儿邪？」裕曰：「义真虽为刺史，事无大小，悉由寄奴。道怜年长，不亲其事，于听望不足。」太妃乃无言。道怜性愚鄙而贪纵，故裕不肯用。

十一月，丁亥朔，日有食之。

十二月，癸亥，魏主嗣西巡至云中，从君子津西渡河，大猎于薛林山。

辛卯，宋王裕加殊礼，进王太妃为太后，世子为太子。

资治通鉴卷第一百一十九

宋纪一 起上章涒滩，尽昭阳大渊献，凡四年。

高祖武皇帝

永初元年（庚申，公元四二〇年）

春，正月，己亥，魏主还宫。

秦王炽磐立其子暮末为太子，仍领抚军大将军、都督中外诸军事，大赦，改元建弘。

宋王欲受禅而难于发言，乃集朝臣宴饮，从容言曰：『桓玄篡位，鼎命已移。我首唱大义，兴复帝室，南征北伐，平定四海，功成业著，遂荷九锡。今年将衰暮，崇极如此，物忌盛，非可久安；今欲奉还爵位，归老京师。』群臣惟盛称功德，莫谕其意。日晚，坐散。中书令傅亮还外，乃悟，而宫门已闭，亮叩扉请见，王即开门见之。亮入，但曰：『臣暂宜还都。』王解其意，无复他言，直云：『须几人自送？』亮曰：『数十人可也。』即时奉辞。亮出，已夜，见长星竟天，拊髀叹曰：『我常不信天文，今始验矣。』亮至建康。夏，四月，征王入辅。王留子义康为都督豫、司、雍、并四州诸军事、豫州刺史，镇寿阳。义康尚幼，以相国参军南阳刘湛为长史，决府、州事。湛自弱年即有宰物之情，常自比管、葛，博涉书史，不为文章，不喜谈议，王甚重之。

五月，乙酉，魏更谥宣武帝曰道武帝。

魏淮南公司马国璠、池阳子司马道赐谋外叛，司马文思告之。庚戌，魏主杀国璠、道赐，赐文思爵郁林公。国璠等连引平城豪桀，坐族诛者数十人，章安侯封懿之子玄之当坐。魏主以玄之燕朝旧族，欲宥其一子。玄之曰：『弟子磨奴早孤，乞全其命。』乃杀玄之四子而宥磨奴。

六月，壬戌，王至建康。傅亮讽晋恭帝禅位于宋，具诏草呈帝，使书之。帝欣然操笔，谓左右曰：『桓玄之时，晋氏已无天下，重为刘公所延，将二十载；今日之事，本所甘心。』遂书赤纸为诏。

甲子，帝逊于琅邪第，百官拜辞，秘书监徐广流涕哀恸。丁卯，王为坛于南郊，即皇帝位。礼毕，自石头备法驾入建康宫。徐广又悲感流涕，侍中谢晦谓之曰：『徐公得无小过！』广曰：『君为宋朝佐命，身是晋室遗老，悲欢之事，固不可同。』广，邈之弟也。帝临太极殿，大赦，改元。其犯乡论清议，一皆荡涤，与之更始。

裴子野论曰：昔重华受终，四凶流放；武王克殷，顽民迁洛。天下之恶一也，乡论清议，除之，过矣！

奉晋恭帝为零陵王，优崇之礼，皆仿晋初故事，即宫于故秣陵县，使冠军将军刘遵考将兵防卫。降褚后为王妃。

追尊皇考为孝穆皇帝，皇妣赵氏为孝穆皇后；尊王太后萧氏为皇太后。上事萧太后素谨，及即位，春秋已高，每旦入朝太后，未尝失时刻。

诏晋氏封爵，当随运改，独置始兴、庐陵、始安、长沙、康乐五公，降爵为县公及县侯，以奉王导、谢安、温峤、陶侃、谢玄之祀，其宣力义熙、豫同艰难者，一仍本秩。

庚午，以司空道怜为太尉，封长沙王。追封司徒道规为临川王，以道怜子义庆袭其爵。其余功臣徐羡之等，增位进爵各有差。

追封刘穆之为南康郡公，王镇恶为龙阳县侯。上每叹念穆之，曰：「穆之不死，当助我治天下。可谓『人之云亡，邦国殄瘁』！」又曰：「穆之死，人轻易我。」

立皇子桂阳公义真为庐陵王，彭城公义隆为宜都王，义康为彭城王。

己卯，改《泰始历》为《永初历》。

魏主如翳犊山，遂至冯卤池。闻上受禅，驿召崔浩告之曰：「卿往年之言验矣，朕于今日始信天道。」

秋，七月，丁酉，魏主如五原。

甲辰，诏以凉公歆为都督高昌等七郡诸军事、征西将军、酒泉公；秦王炽磐为安西大将军。

交州刺史杜慧度击林邑，大破之，所杀过半。林邑乞降，前后为所钞掠者皆遣还。慧度在交州，为政纤密，一如治家，吏民畏而爱之，城门夜开，道不拾遗。

丁未，魏主如云中。

河西王蒙逊欲伐凉，先引兵攻秦浩亹；既至，潜师还屯川岩。

凉公歆欲乘虚袭张掖；宋繇、张体顺切谏，不听。太后尹氏谓歆曰：「汝新造之国，地狭民希，自守犹惧不足，何暇伐人！先王临终，殷勤戒汝，深慎用兵，保境宁民，以俟天时。言犹在耳，奈何弃之！蒙逊善用兵，非汝之敌，数年以来，常有兼并之志。汝国虽小，足为善政，修德养民，静以待之。彼若昏暴，民将归汝；若其休明，汝将事之。岂得轻为举动，侥冀非望！以吾观之，非但丧师，殆将亡国！」亦不听。宋繇叹曰：「今兹大事去矣！」

歆将步骑三万东出。蒙逊闻之，曰：「歆已入吾术中，然闻吾旋师，必不敢前。」乃露布西境，云已克浩亹，将进攻黄谷。歆闻之，喜，进入都渎涧，蒙逊引兵击之，战

于怀城，歆大败。或劝歆还保酒泉，歆曰：『吾违老母之言以取败，不杀此胡，何面目复见我母』遂勒兵战于蓼泉，为蒙逊所杀。歆弟酒泉太守翻、新城太守预、领羽林右监密、左将军眺、右将军亮西奔敦煌。

蒙逊入酒泉，禁侵掠，士民安堵。以宋繇为吏部郎中，委之选举；凉之旧臣有才望者，咸礼而用之。以其子牧犍为酒泉太守。敦煌太守李恂，翻之弟也，与翻等弃敦煌奔北山。蒙逊以索嗣之子元绪行敦煌太守。

蒙逊还姑臧，见凉太后尹氏而劳之，尹氏曰：『李氏为胡所灭，知复何言！』或谓尹氏曰：『今母子之命在人掌握，奈何傲之！且国亡子死，曾无忧色，何也？』尹氏曰：『存亡死生，皆有天命，奈何更如凡人，为儿女子之悲乎！吾老妇人，国亡家破，岂可复惜馀生，为人臣妾乎！惟速死为幸耳。』蒙逊嘉而赦之，娶其女为牧犍妇。

八月，辛未，追谥妃臧氏为敬皇后。癸酉，立王太子义符为皇太子。

闰月，壬午，诏晋帝诸陵悉置守卫。

九月，秦振武将军王基等袭河西王蒙逊胡园戍，俘二千馀人而还。

李恂在敦煌有惠政。索元绪粗险好杀，大失人和。郡人宋承、张弘密信招恂。冬，恂帅数十骑入敦煌，元绪东奔凉兴。承等推恂为冠军将军、凉州刺史，改元永建。河西王蒙逊遣世子政德攻敦煌，恂闭城不战。

十二月，丁亥，杏城羌酋狄温子帅三千馀家降魏。

是岁，魏姚夫人卒，追谥昭哀皇后。

二年（辛酉，公元四二一年）

春，正月，辛酉，上祀南郊，大赦。

裴子野论曰：夫郊祀天地，修岁事也。赦彼有罪，夫何为哉！

以扬州刺史庐陵王义真为司徒，尚书仆射徐羡之为尚书令、扬州刺史，中书令傅亮为尚书仆射。

辛未，魏主嗣行如公阳。

河西王蒙逊帅众二万攻李恂于敦煌。

秦王炽磐遣征北将军木弈干、辅国将军元基攻上邽，遇霖雨而还。

三月，甲子，魏阳平王熙卒。

魏主发代都六千人筑苑，东包白登，周三十馀里。

河西王蒙逊筑堤壅水以灌敦煌；李恂乞降，不许。恂将宋承等举城降。恂自杀。蒙逊屠其城，获恂弟子宝，囚于姑臧。于是西域诸国皆诣蒙孙称臣朝贡。

夏，四月，己卯朔，诏所在淫祠自蒋子文以下皆除之；其先贤及以勋德立祠者，不在此例。

吐谷浑王阿柴遣使降秦，秦王炽磐以阿柴为征西大将军、开府仪同三司、安州牧、白兰王。

六月，乙酉，魏主北巡至蟠羊山。秋，七月，西巡至河。

河西王蒙逊遣右卫将军沮渠鄯善、建节将军沮渠苟生帅众七千伐秦。秦王炽磐遣征北将军木弈干等帅步骑五千拒之，败鄯善等于五涧，虏苟生，斩首二千而还。

初，帝以毒酒一罂授前琅邪郎中令张伟，使酖零陵王，伟叹曰：「酖君以求生，不如死！」乃于道自饮而卒。伟，卲之兄也。太常褚秀之、侍中褚淡之，皆王之妃兄也。王每生男，帝辄令秀之兄弟方便杀之。王自逊位，深虑祸及，与褚妃共处一室，自煮食于床前，饮食所资，皆出褚妃，故宋人莫得伺其隙。九月，帝令淡之与兄右卫将军叔度往视妃，妃出就别室相见。兵人逾垣而入，进药于王。王不肯饮，曰：「佛教，自杀者不复得人身。」兵人以被掩杀之。帝帅百官临于朝堂三日。

庚戌，魏主还宫。

冬，十月，己亥，诏以河西王蒙逊为镇军大将军、开府仪同三司、凉州刺史。

己亥，魏主如代。

十一月，辛亥，葬晋恭帝于冲平陵，帝帅百官瞻送。

十二月，丙申，魏主西巡，至云中。

秦王炽磐遣征西将军孔子等帅骑二万击契汗秃真于罗川。

河西王蒙逊所署晋昌太守唐契据郡叛，蒙逊遣世子政德讨之。契，瑶之子也。

上之为宋公也，谢瞻为宋台中书侍郎，其弟晦为右卫将军。时晦权遇已重，自彭城还都迎家，宾客辐凑，门巷填咽。瞻在家，惊骇，谓晦曰：「汝名位未多，而人归趣乃尔！吾家素以恬退为业，不愿干豫时事，交游不过亲朋。而汝遂势倾朝野，此岂门户之福邪！」乃以篱隔门庭曰：「吾不忍见此。」乃还彭城，言于宋公曰：「臣本素士，父祖位不过二千石。弟年始三十，志用凡近，荣冠台府，位任显密。福过灾生，其应无远；特乞降黜，以保衰门。」前后屡陈之。晦或以朝廷密事语瞻，瞻故向亲旧陈说，用为戏笑，以绝其言。及上即位，晦以佐命功，位任益重，瞻愈忧惧。是岁，瞻为豫章太守，遇病不疗。临终，遗晦书曰：「吾得启体幸全，亦何所恨！弟思自勉励，为国为家。」

三年（壬戌，公元四二二年）

春，正月，甲辰朔，魏主自云中西巡，至屋窦城。

癸丑，以徐羡之为司空、录尚书事，刺史如故；江州刺史王弘为卫将军、开府仪同三司；中领军谢晦为领军将军兼散骑常侍，入直殿省，总统宿卫。徐羡之起自布衣，又无术学，直以志力局度。一旦居廊庙，朝野推服，咸谓有宰臣之望。沈密寡言，不以忧喜见色。颇工弈棋，观戏常若未解，当世倍以此推之。傅亮、蔡廓常言：『徐公晓万事，安异同。』尝与傅亮、谢晦宴聚，亮、晦才学辩博，羡之风度详整，时然后言。郑鲜之叹曰：『观徐、傅言论，不复以学问为长。』

秦征西将军孔子等大破契汗秃真，获男女二万口，牛羊五十馀万头。秃真帅骑数千西走，其别部树奚帅户五千降秦。

二月，丁丑，诏分豫州淮以东为南豫州，治历阳，以彭城王义康为刺史。又分荆州十郡置湘州，治临湘，以左卫将军张卲为刺史。

丙戌，魏主还宫。

三月，上不豫，太尉长沙王道怜、司空徐羡之、尚书仆射傅亮、领军将军谢晦、护军将军檀道济并入侍医药。群臣请祈祷神祇，上不许，唯使侍中谢方明以疾告宗庙而已。上性不信奇怪，微时多符瑞，及贵，史官审以所闻，上拒而不答。

檀道济出为镇北将军、南兖州刺史，镇广陵，悉监淮南诸军。

皇太子多狎群小，谢晦言于上曰：『陛下春秋既高，宜思存万世，神器至重，不可使负荷非才。』上曰：『庐陵何如？』晦曰：『臣请观焉。』出造庐陵王义真，义真盛欲与谈，晦不甚答。还曰：『德轻于才，非人主也。』丁未，出义真为都督南豫、豫、雍、司、秦、并六州诸军事、车骑将军、开府仪同三司、南豫州刺史。是后，大州率加都督，多者或至五十州，不可复详载矣。

帝疾瘳，己未，大赦。

秦、雍流民南入梁州；庚申，遣使送绢万匹，且漕荆、雍之谷以赈之。

刁逵之诛也，其子弥亡命。辛酉，弥帅数十人入京口城，太尉留府司马陆仲元击斩之。

乙丑，魏河南王曜卒。

夏，四月，甲戌，魏立皇子焘为太平王，拜相国，加大将军；丕为乐平王，弥为安定王，范为乐安王，健为永昌王，崇为建宁王，俊为新兴王。

乙亥，诏封仇池公杨盛为武都王。

秦王炽磐以折冲将军乞伏是辰为西胡校尉，筑列浑城于汁罗以镇之。

五月，帝疾甚，召太子诫之曰：『檀道济虽有干略，而无远志，非如兄韶有难御之气也。徐羡之、傅亮，当无异图。谢晦数从征伐，颇识机变，若有同异，必此人也。』又为手诏曰：『后世若有幼主，朝事一委宰相，母后不烦临朝。』司空徐羡之、中书令傅亮、领军将军谢晦、镇北将军檀道济同被顾命。癸亥，帝殂于西殿。

帝清简寡欲，严整有法度，被服居处，俭于布素，游宴甚稀，嫔御至少。尝得后秦高祖从女，有盛宠，颇以废事；谢晦微谏，即时遣出。财帛皆在外府，内无私藏。岭南尝献入筒细布，一端八丈，帝恶其精丽劳人，即付有司弹太守，以布还之，并制岭南禁作此布。公主出适，遣送不过二十万，无锦绣之物。内外奉禁，莫敢为侈靡。

太子即皇帝位，年十七。大赦，尊皇太后曰太皇太后，立妃司马氏为皇后。后，晋恭帝女海盐公主也。

魏主服寒食散，频年药发，灾异屡见，颇以自忧。遣中使密问白马公崔浩曰：『属者日食赵、代之分，朕疾弥年不愈，恐一旦不讳，诸子并少，将若之何？其为我思身后之计。』浩曰：『陛下春秋富盛，行就平愈；必不得已，请陈瞽言。自圣代龙兴，不崇储贰，是以永兴之始，社稷几危。今宜早建东宫，选贤公卿以为师傅，左右信臣以为宾友；入总万机，出抚戎政。如此，则陛下可以优游无为，颐神养寿，万岁之后，国有成主，民有所归，奸宄息望，祸无自生矣。皇子焘年将周星，明睿温和，立子以长，礼之大经，若必待成人然后择之，倒错天伦，则召乱之道也。』魏主复以问南平公长孙嵩。对曰：『立长则顺，置贤则人服；焘长且贤，天所命也。』帝从之，立太平王焘为皇太子，使之居正殿临朝，为国副主。以长孙嵩及山阳公奚斤、北新公安同为左辅，坐东厢，西面；崔浩与太尉穆观、散骑常侍代人丘堆为右弼，坐西厢，东面；百官总己以听焉。帝避居西宫，时隐而窥之，听其决断，大悦，谓侍臣曰：『嵩宿德旧臣，历事四世，功存社稷；斤辩捷智谋，名闻遐迩；同晓解俗情，明练于事；观达于政要，识吾旨趣；浩博闻强识，精察天人；推虽无大用，然在公专谨。以此六人辅相太子，吾与汝曹巡行四境，伐叛柔服，足以得志于天下矣。』

嵩实姓拔拔，斤姓达奚，观姓丘穆陵，堆姓丘敦。是时，魏之群臣出于代北者，姓多重复，及高祖迁洛，始皆改之。旧史患其烦杂难知，故皆从后姓以就简易，今从之。

魏主又以典东西部刘絜、门下奏事代人古弼、直郎徒河卢鲁元忠谨恭勤，使之给侍东宫，分典机要，宣纳辞令。太子聪明，有大度。群臣时奏所疑，帝曰：『此非我所知，当决之汝曹国主也。』

六月，壬申，以尚书仆射傅亮为中书监、尚书令，以领军将军谢晦领中书令，侍中

谢方明为丹阳尹。方明善治郡，所至有能名；承代前人，不易其政，必宜改者，则以渐移变，使无迹可寻。

戊子，长沙景王道怜卒。

魏建义将军刁雍寇青州，州兵击破之。雍收散卒，走保大乡山。

秋，七月，己酉，葬武皇帝于初宁陵，庙号高祖。

河西王蒙逊遣前将军沮渠成都帅众一万，耀兵岭南，遂屯五涧。九月，秦王炽磐遣征北将军出连虔等帅骑六千击之。

初，魏主闻高祖克长安，大惧，遣使请和，自是每岁交聘不绝。及高祖殂，殿中将军沈范等奉使在魏，还，及河，魏主遣人追执之，议发兵取洛阳、虎牢、滑台。崔浩谏曰：『陛下不以刘裕欻起，纳其使贡，裕亦敬事陛下。不幸今死，遽乘丧伐之，虽得之，不足为美。且国家今日亦未能一举取江南也，而徒有伐丧之名，窃为陛下不取。臣谓宜遣人吊祭，存其孤弱，恤其凶灾，使义声布于天下，则江南不攻自服矣。况裕新死，党与未离，兵临其境，必相帅拒战，功不可必。不如缓之，待其强臣争权，变难必起，然后命将出师，可以兵不疲劳，坐收淮北也。』魏主曰：『刘裕乘姚兴之死而灭之，今我乘裕丧而伐之，何为不可！』浩曰：『不然。姚兴死，诸子交争，故裕乘衅伐

之。今江南无衅，不可比也。』魏主不从，假司空奚斤节，加晋兵大将军、行扬州刺史，督宋兵将军、交州刺史周几、吴兵将军、广州刺史公孙表同入寇。

乙巳，魏主如灅南宫，遂如广宁。

辛亥，魏人筑平城外郭，周围三十二里。

魏主如乔山，遂东如幽州。冬，十月，甲戌，还宫。

魏军将发，公卿集议于监国之前，以先攻城与先略地。奚斤欲先攻城，崔浩曰：『南人长于守城，昔苻氏攻襄阳，经年不拔。今以大兵坐攻小城，若不时克，挫伤军势，敌得徐严而来，我怠彼锐，此危道也。不如分军略地，至淮为限，列置守宰，收敛租谷，则洛阳、滑台、虎牢更在军北，绝望南救，必沿河东走；不则为囿中之物，何忧其不获也！』公孙表固请攻城，魏主从之。于是奚斤等帅步骑二万，济河，营于滑台之东。

时司州刺史毛德祖戍虎牢，东郡太守王景度告急于德祖，德祖遣司马翟广等将步骑三千救之。

先是，司马楚之聚众在陈留之境，闻魏兵济河，遣使迎降。魏以楚之为征南将军、荆州刺史，使侵扰北境。德祖遣长社令王法政将五百人戍邵陵，将军刘怜将二百骑戍雍

丘以备之。楚之引兵袭怜，不克。会台送军资，怜出迎之，酸枣民王玉驰以告魏。丁酉，魏尚书滑稽引兵袭仓垣，兵吏悉逾城走，陈留太守冯翊严稜诣斤降。魏以王玉为陈留太守，给兵守仓垣。

奚斤等攻滑台，不拔，求益兵。魏主怒，切责之；壬辰，自将诸国兵五万馀人南出天关，逾恒岭，为斤等声援。

秦出连虔与河西沮渠成都战，禽之。

十一月，魏太子焘将兵出屯塞上，使安定王弥与安同居守。

庚戌，奚斤等急攻滑台，拔之。王景度出走；景度司马阳瓒为魏所执，不降而死。

魏主以成皋侯苟儿为兖州刺史，镇滑台。

斤等进击翟广等于土楼，破之，乘胜进逼虎牢；毛德祖与战，屡破之。魏主别遣黑稍将军于栗磾将三千人屯河阳，谋取金墉，德祖遣振威将军窦晃等缘河拒之。十二月，丙戌，魏主至冀州，遣楚兵将军、徐州刺史叔孙建将兵自平原济河，徇青、兖。豫州刺史刘粹遣治中高道瑾将步骑五百据项城，徐州刺史王仲德将兵屯湖陆。于栗磾济河，与奚斤并力攻窦晃等，破之。

魏主遣中领军代人娥清、期思侯柔然闾大肥将兵七千人会周几、叔孙建南渡河，军于碻磝。癸未，兖州刺史徐琰弃尹卯南走，于是泰山、高平、金乡等郡皆没于魏。叔孙建等东入青州，司马爱之、季之先聚众于济东，皆降于魏。

戊子，魏兵逼虎牢，青州刺史东莞竺夔镇东阳城，遣使告急。

己丑，诏南兖州刺史檀道济监征讨诸军事，与王仲德共救之。庐陵王义真遣龙骧将军沈叔狸将三千人就刘粹，量宜赴援。

秦王炽磐征秦州牧昙达为左丞相、征东大将军。

营阳王

景平元年（癸亥，公元四二三年）

春，正月，己亥朔，大赦，改元。

辛丑，帝祀南郊。

魏于栗磾攻金墉，癸卯，河南太守王涓之弃城走。魏主以栗磾为豫州刺史，镇洛阳。

魏主南巡恒岳，丙辰，至邺。

己未，诏征豫章太守蔡廓为吏部尚书。廓谓傅亮曰：「选事若悉以见付，不论；不

然，不能拜也。』亮以语录事尚书徐羡之，羡之曰：『黄、散以下悉以委蔡，吾徒不复措怀；自此以上，故宜共参同异。』廓曰：『我不能为涂干木署纸尾！』遂不拜。干木，羡之小字也。选案黄纸，录尚书与吏部尚书连名，故廓云然。

沈约论曰：『蔡廓固辞铨衡，耻为志屈；岂不知选，录同体，义无偏断乎！良以主暗时难，不欲居通塞之任。远矣哉！

庚申，檀道济军于彭城。

魏叔孙建入临淄，所向城邑皆溃。竺夔聚民保东阳城，其不入城者，使各依据山险，芟夷禾稼。魏军至，无所得食。济南太守垣帅众依夔。

刁雍见魏主于邺，魏主曰：『叔孙建等入青州，民皆藏避，攻城不下。彼素服卿威信，今遣卿助之。』乃以雍为青州刺史，给雍骑，使行募兵以取青州。魏兵济河向青州者凡六万骑，刁雍募兵得五千人，抚慰士民，皆送租供军。

柔然寇魏边。二月，戊辰，魏筑长城，自赤城西至五原，延袤二千馀里，备置戍卒，以备柔然。

丁丑，太皇太后萧氏殂。

河西王蒙逊及吐谷浑王阿柴皆遣使入贡。庚辰，诏以蒙逊为都督凉、秦、河、沙四州诸军事、骠骑大将军、凉州牧、河西王；以阿柴为督塞表诸军事、安西将军、沙州刺史、浇河公。

三月，壬子，葬孝懿皇后于兴宁陵。

魏奚斤、公孙表等共攻虎牢，魏主自邺遣兵助之。毛德祖于城内穴地入七丈，分为六道，出魏围外；募敢死之士四百人，使参军范道基等帅之，从穴中出，掩袭其后。魏军惊扰，斩首数百级，焚其攻具而还。魏兵虽退散，随复更合，攻之益急。奚斤自虎牢将步骑三千，攻颍川太守李元德等于许昌，元德等败走。魏以颍川人庾龙为颍川太守，戍许昌。

毛德祖出兵与公孙表大战，从朝至晡，杀魏兵数百。会奚斤自许昌还，合击德祖，大破之，亡甲士千馀人，复婴城自守。魏主又遣万馀人从白沙渡河，屯濮阳南。

朝议以项城去魏不远，非轻军所抗，使刘粹召高道瑾还寿阳；若沈叔狸已进，亦宜且追。粹奏：『虏攻虎牢，未复南向，若遽摄军舍项城，则淮西诸郡无所凭依。沈叔狸已顿肥口，又不宜遽退。』时李元德帅散卒二百至项，刘粹使助高道瑾戍守，请宥其奔败之罪，朝议并许之。

乙巳，魏主畋于韩陵山，遂如汲郡，至枋头。

初，毛德祖在北，与公孙表有旧。表有权略，德祖患之，乃与交通音问，密遣人说奚斤，云表与之连谋。每答表书，多所治定；表以书示斤，斤疑之，以告魏主。先是，表与太史令王亮少同营署，好轻侮亮；亮奏『表置军虎牢东，不得便地，故令贼不时灭。』魏主素好术数，以为然，积前后忿，使人夜就帐中缢杀之。

乙卯，魏主济自灵昌津，遂如东郡、陈留。

叔孙建将三万骑逼东阳城，城中文武才一千五百人，竺夔、垣苗悉力固守，时出奇兵击魏，破之。魏步骑绕城列陈十馀里，大治攻具。夔四重堑，魏人填其三重，为橦车以攻城，夔遣人从地道中出，以大麻絙挽之令折。魏人复作长围，长攻逾急。历时浸久，城转堕坏，战士多死伤，馀众困乏，旦暮且陷。檀道济至彭城，以司、青二州并急，而所领兵少，不足分赴；青州道近，竺夔兵弱，乃与王仲德兼行先救之。

甲子，刘粹遣李元德袭许昌，斩庚龙。元德因留绥抚，并上租粮。

魏主至盟津。于栗磾造浮桥于冶阪津。乙丑，魏主引兵北济，西如河内。娥清、周几、闾大肥徇地至湖陆、高平，民屯聚而射之。清等尽攻破高平诸县，灭数千家，虏掠万馀口；兖州刺史郑顺之戍湖陆，以兵少不敢出。

魏主又遣并州刺史伊楼拔助奚斤攻虎牢。毛德祖随方抗拒，颇杀魏兵，而将士稍零落。

夏，四月，丁卯，魏主如成皋，绝虎牢汲河之路。停三日，自督众攻城，竟不能下，遂如洛阳观《石经》。遣使祀嵩高。

叔孙建攻东阳，堕其北城三十许步。刁雍请速入，建不许，遂不克。及闻檀道济等将至，雍又谓建曰：『贼畏官军突骑，以锁连车为函陈。大岘已南，处处狭隘，车不得方轨。雍请将所募兵五千据险以邀之，破之必矣。』时天暑，魏国多疫。建曰：『兵人疫病过半，若相持不休，兵自死尽，何须复战！今全军而返，计之上也。』己巳，道济军于临朐。壬申，建等烧营及器械而遁；道济至东阳，粮尽，不能追。竺夔以东阳城坏，不可守，移镇不其城。

叔孙建自东阳趋滑台，道济分遣王仲德向尹卯。道济停军湖陆，仲德未至尹卯，闻魏兵已远，还就道济。刁雍遂留镇尹卯，招集谯、梁、彭、沛民五千馀家，置二十七营以领之。

蛮王梅安帅渠帅数十人入贡于魏。初，诸蛮本居江、淮之间，其后种落滋蔓，布于数州，东连寿春，西通巴、蜀，北接汝、颖，往往有之。在魏世不甚为患；及晋，稍益繁昌，渐为寇暴。及刘、石乱中原，诸蛮无所忌惮，渐复北徙，伊阙以南，满于山谷

矣。

河西世子政德攻晋昌，克之。唐契及弟和、甥李宝同奔伊吾，招集遗民，归附者至二千馀家，臣于柔然；柔然以契为伊吾王。

秦王炽磐谓其群臣曰：「今宋虽奄有江南，夏人雄据关中，皆不足与也。独魏主奕世英武，贤能为用，且谶云「恒代之北当有真人」，吾将举国而事之。」乃遣尚书郎莫者阿胡等入见于魏，贡黄金二百斤，并陈伐夏方略。

闰月，丁未，魏主如河内，登太行，至高都。

叔孙建自滑台西就奚斤，共攻虎牢。虎牢被围二百日，无日不战，劲兵战死殆尽，而魏增兵转多。魏人毁其外城，毛德祖于其内更筑三重城以拒之，魏人又毁其二重。德祖唯保一城，昼夜相拒，将士眼皆生创。德祖抚之以恩，终无离心。时檀道济军湖陆，刘粹军项城，沈叔狸军高桥，皆畏魏兵强，不敢进。丁巳，魏人作地道以泄虎牢城中井，井深四十丈，山势峻峭，不可得防；城中人马渴乏，被创者不复出血，重以饥疫，魏仍急攻之，己未，城陷。将士欲扶德祖出走。德祖曰：「我誓与此城俱毙，义不使城亡而身存也！」魏主命将士：「得德祖者，必生致之。」将军代人豆代田执德祖以献。将佐在城中者，皆为魏所虏，唯参军范道基将二百人突围南还。魏士卒疫死者亦什二三。

奚斤等悉定司、兖、豫诸郡县，置守宰以抚之。魏主命周几镇河南，河南人安之。

徐羡之、傅亮、谢晦以亡失境土，上表自劾；诏勿问。

徐羡之兄子吴郡太守珮之颇豫政事，与侍中王韶之、程道惠、中书舍人邢安泰、潘盛结为党友。时谢晦久病，不堪见客，珮之等疑其诈疾，有异图，乃称羡之意以告傅亮，欲令亮作诏诛之。亮曰：「我等三人同受顾命，岂可自相诛戮！诸君果行此事，亮当角巾步出掖门耳。」珮之等乃止。

五月，魏主还平城。

六月，己亥，魏宜都文成王穆观卒。

丙辰，魏主北巡，至参合陂。

秋，七月，癸酉，尊帝母张夫人为皇太后。

魏主如三会屋侯泉。八月，辛丑，如马邑，观㶟源。

柔然寇河西，河西王蒙逊命世子政德击之。政德轻骑进战，为柔然所杀，蒙逊立次子兴为世子。

九月，乙亥，魏主还宫，召奚斤还平城，留兵守虎牢；使娥清、周几镇枋头；以司

马楚之所将户口置汝南、南阳、南顿、新蔡四郡，以益豫州。

冬，十月，癸卯，魏人广西宫外垣，周二十里。

秃发傉檀之死也，河西王蒙逊遣人诱其故太子虎台，许以番禾、西安二郡处之，且借之兵，使伐秦，报其父仇，复取故地。虎台阴许之，事泄而止。秦王炽磐之后，虎台之妹也，炽磐待之如初。后密与虎台谋曰：『秦本我之仇雠，虽以婚姻待之，盖时宜耳。先王之薨，又非天命。遗令不治者，欲全济子孙故也。为人子者，岂可臣妾于仇雠而不思报复乎！』乃与武卫将军越质洛城谋弑炽磐。后妹为炽磐左夫人，有宠，知其谋而告之，炽磐杀后及虎台等十馀人。

十一月，魏周几寇许昌，许昌溃，颍川太守李元德奔项。戊辰，魏人围汝阳，汝阳太守王公度亦奔项。刘粹遣其将姚耸夫等将兵助守项城。魏人夷许昌城，毁钟城，以立封疆而还。

己巳，魏太宗殂。壬申，世祖即位，大赦。十二月，庚子，魏葬明元帝于金陵。庙号太宗。

魏主追尊其母杜贵嫔为密皇后。自司徒长孙嵩以下普增爵位。以襄城公卢鲁元为中书监，会稽公刘絜为尚书令，司卫监尉眷、散骑侍郎刘库仁等八人分典四部。眷，古真之弟子也。

以河内镇将代人罗结为侍中、外都大官，总三十六曹事。结时年一百七，精爽不衰，魏主以其忠悫，亲任之，使兼长秋卿，监典后宫，出入卧内；年一百一十，乃听归老，朝廷每有大事，遣骑访焉；又十年乃卒。左光禄大夫崔浩研精经术，练习制度，凡朝廷礼仪，军国书诏，无不关掌。浩不好老、庄之书，曰：『此矫诬之说，不近人情。老聃习礼，仲尼所师，岂肯为败法之书以乱先王之治乎！』尤不信佛法，曰：『何为事此胡神！』及世祖即位，左右多毁之。帝不得已，命浩以公归第。然素知其贤，每有疑议，辄召问之。浩纤妍洁白如美妇，常自谓才比张良，而稽古过之。既归第，因修服食养性之术。

初，嵩山道士寇谦之，赞之弟也，修张道陵之术，自言尝遇老子降，命谦之继道陵为天师，授以辟谷轻身之术及《科戒》二十卷，使之清整道教。又遇神人李谱文，云老子之玄孙也，授以《图箓真经》六十馀卷，使之辅佐北方太平真君；出天宫静轮之法，其中数篇，李君之手笔也。谦之奉其书献于魏主。朝野多未之信，崔浩独师事之，从受其术，且上书赞明其事曰：『臣闻圣王受命，必有天应。《河图》、《洛书》皆寄言于虫兽之文，未若今日人神接对，手笔粲然，辞旨深妙，自古无比。岂可以世俗常虑而忽

上灵之命！臣窃惧之。」帝欣然，使谒者奉玉帛、牲牢祭嵩岳，迎致谦之弟子在山中者，以崇奉天师，显扬新法，宣布天下。起天师道场于平城之东南，重坛五层，给道士百二十人衣食，每月设厨会数千人。

臣光曰：老、庄之书，大指欲同死生，轻去就。而为神仙者，服饵修炼以求轻举，炼草石为金银，其为术正相戾矣。是以刘歆《七略》叙道家为诸子，神仙为方技。其后复有符水、禁咒之术，至谦之遂合而为一；至今循之，其讹甚矣！崔浩不喜佛、老之书而信谦之之言，其故何哉！昔臧文仲祀爰居，孔子以为不智；如谦之者，其为爰居亦大矣。「《诗》三百，一言以蔽之，曰思无邪。」君子之于择术，可不慎哉！

资治通鉴

卷第一百一十九

资治通鉴卷第一百二十

宋纪二 起阏逢困敦，尽强圉单阏，凡四年。

太祖文皇帝上之上

元嘉元年（甲子，公元四二四年）

春，正月，魏改元始光。

丙寅，魏安定殇王弥卒。

营阳王居丧无礼，好与左右狎昵，游戏无度。特进致仕范泰上封事曰：「伏闻陛下时在后园，颇习武备，鼓鞞在宫，声闻于外。黩武掖庭之内，喧哗省闼之间，非徒不足以威四夷，只生远近之怪。陛下践阼，委政宰臣，实同高宗谅暗之美；而更亲狎小人，惧非社稷至计，经世之道也。」不听。泰，宁之子也。

南豫州刺史庐陵王义真，警悟爱文义，而性轻易，与太子左卫率谢灵运、员外常侍颜延之、慧琳道人情好款密。尝云：「得志之日，以灵运、延之为宰相，慧琳为西豫州都督。」灵运，玄之孙也，性褊傲，不遵法度，朝廷但以文义处之，不以为有实用。灵运自谓才能宜参权要，常怀愤邑。延之，含之曾孙也，嗜酒放纵。徐羡之等恶义真与灵运等游，义真故吏范晏从容戒之，义真曰：「灵运空疏，延之隘薄，魏文帝所谓「古今文人类不护细行」者也；但性情所得，未能忘言于悟赏耳。」于是羡之等以为灵运、延之构扇异同，非毁执政，出灵运为永嘉太守，延之为始安太守。

义真至历阳，多所求索，执政每裁量不尽与。义真深怨之，数有不平之言，又表求还都。咨议参军庐江何尚之屡谏，不听。时羡之等已密谋废为庶人，徙新安郡。前吉阳令堂邑张约之上疏曰：「庐陵王少蒙先皇优慈之遇，长受陛下睦爱之恩，故在心必言，所怀必亮，容犯臣子之道，致招骄恣之愆。至于天姿夙成，实有卓然之美，宜在容养，录善掩瑕，训尽义方，进退以渐。今猥加剥辱，幽徙远郡，上伤陛下常棣之笃，下令远近恇然失图。臣伏思大宋开基造次，根条未繁，宜广树藩戚，敦睦以道。人谁无过，贵能自新；以武皇之爱子，陛下之懿弟，岂可以其一眚，长致沦弃哉！」书奏，以约之为梁州府参军，寻杀之。

夏，四月，甲辰，魏主东巡大宁。

秦王炽磐遣镇南将军吉毗等帅步骑一万，南伐白苟、车孚、崔提、旁为四国，皆降之。

徐羡之等以南兖州刺史檀道济先朝旧将，威服殿省，且有兵众，乃召道济及江州刺史王弘入朝；五月，皆至建康，以废立之谋告之。

甲申，谢晦以领军府屋败，悉令家人出外，聚将士于府内；又使中书舍人邢安泰、潘盛为内应。夜，邀檀道济同宿，晦悚动不得眠，道济就寝便熟，晦以此服之。

时帝于华林园为列肆，亲自沽卖，以与左右引船为乐，夕，游天渊池，即龙舟而寝。乙酉诘旦，道济引兵居前，羡之等继其后，入自云龙门；安泰等先诫宿卫，莫有御者。帝未兴，军士进杀二侍者，伤帝指，扶出东阁，收玺绶，群臣拜辞，卫送故太子宫。

侍中程道惠劝羡之等立皇弟南豫州刺史义恭。羡之等以宜都王义隆素有令望，又多符瑞，乃称皇太后令，数帝过恶，废为营阳王，以宜都王纂承大统，赦死罪以下。又称皇太后令，奉还玺绂；并废皇后为营阳王妃，迁营阳王于吴。使檀道济入守朝堂。王至吴，止金昌亭；六月，癸丑，羡之等使邢安泰就弑之。王多力，突走出昌门，追者以门关踣而弑之。

裴子野论曰：古者人君养子，能言而师授之辞，能行而傅相之礼。宋之教诲，雅异于斯，居中则任仆妾，处外则近趋走。太子、皇子，有帅，有侍，是二职者，皆台皂也。制其行止，授其法则，导达臧否，罔弗由之；言不及于礼义，识不达于今古，谨敕者能劝之以吝啬，狂愚者或诱之以凶慝。虽有师傅，多以耆艾大夫为之；虽有友及文学，多以膏粱年少为之；具位而已，亦弗与游。幼王临州，长史行事；宣传教命，又有典签；往往专恣，窃弄威权，是以本根虽茂而端良甚寡。嗣君冲幼，世继奸回，虽恶物丑类，天然自出，然习则生常，其流远矣。降及太宗，举天下而弃之，亦昵比之为也。呜呼！有国有家，其鉴之矣！

傅亮帅行台百官奉法驾迎宜都王于江陵。祠部尚书蔡廓至寻阳，遇疾不堪前；亮与之别。廓曰：『营阳在吴，宜厚加供奉；一旦不幸，卿诸人有弑主之名，欲立于世，将可得邪！』时亮已与羡之议害营阳王，乃驰信止之，不及。羡之大怒曰：『与人共计议，如何旋背即卖恶于人邪？』羡之等又遣使者杀前庐陵王义真于新安。

羡之以荆州地重，恐宜都王至，或别用人，乃亟以录命除领军将军谢晦行都督荆、湘等七州诸军事、荆州刺史，欲令居外为援，精兵旧将，悉以配之。

秋，七月，行台至江陵，立行门于城南，题曰『大司马门』。傅亮帅百僚诣门上表，进玺绂，仪物甚盛。宜都王时年十八，下教曰：『猥以不德，谬降大命，顾已兢悸，何以克堪！辄当暂归朝廷，展哀陵寝，并与贤彦申写所怀。望体其心，勿为辞费。』府州佐史并称臣，请题榜诸门，一依官省；王皆不许。教州、府、国纲纪宥所统内见刑，原逋责。

诸将佐闻营阳、庐陵王死，皆以为疑，劝王不可东下。司马王华曰：「先帝有大功于天下，四海所服；虽嗣主不纲，人望未改。徐羡之中才寒士，傅亮布衣诸生，非有晋宣帝、王大将军之心明矣；受寄崇重，未容遽敢背德。畏庐陵严断，将来必不自容；以殿下宽睿慈仁，远近所知，且越次奉迎，冀以见德；悠悠之论，殆必不然。又，羡之等五人，同功并位，孰肯相让！就怀不轨，势必不行。废主若存，虑其将来受祸，致此杀害；盖由贪生过深，宁敢一朝顿怀逆志！不过欲握权自固，以少主仰待耳。殿下但当长驱六辔，以副天人之心。」王曰：「卿复欲为宋昌邪！」长史王昙首、南蛮校尉到彦之皆劝王行，昙首仍陈天人符应。王乃曰：「诸公受遗，不容背义。且劳臣旧将，内外充满，今兵力又足以制物，夫何所疑！」乃命王华总后任，留镇荆州。王欲使到彦之将兵前驱，彦之曰：「了彼不反，便应朝服顺流；若使有虞，此师既不足恃，更开嫌隙之端，非所以副远迩之望也。」会雍州刺史褚叔度卒，乃遣彦之权镇襄阳。

甲戌，王发江陵，引见傅亮，号泣，哀动左右。既而问义真及少帝薨废本末，悲哭呜咽，侍侧者莫能仰视。亮流汗沾背，不能对；乃布腹心于到彦之、王华等，深自结纳。王以府州文武严兵自卫，台所遣百官众力不得近部伍。中兵参军朱容子抱刀处王所乘舟户外，不解带者累旬。

魏主还宫。

秦王炽磐遣太子暮末帅征北将军木弈干等步骑三万，出貂渠谷，攻河西白草岭、临松郡，皆破之，徙民二万馀口而还。

八月，丙申，宜都王至建康，群臣迎拜于新亭。徐羡之问傅亮曰：「王可方谁？」亮曰：「晋文、景以上人。」羡之曰：「必能明我赤心。」亮曰：「不然。」

丁酉，王谒初宁陵，还，止中堂。百官奉玺绶，王辞让数四，乃受之，即皇帝位于中堂。备法驾入宫，御太极前殿，大赦，改元，文武赐位二等。

戊戌，谒太庙。诏复庐陵王先封，迎其柩及孙修华、谢妃还建康。

庚子，以行荆州刺史谢晦为真。晦将行，与蔡廓别，屏人问曰：「吾其免乎？」廓曰：「卿受先帝顾命，任以社稷，废昏立明，义无不可。但杀人二兄而以之北面，挟震主之威，据上流之重，以古推今，自免为难。」晦始惧不得去，既发，顾望石头城，喜曰：「今得脱矣！」

癸卯，徐羡之进位司徒，王弘进位司空，傅亮加开府仪同三司，谢晦进号卫将军，檀道济进号征北将军。

有司奏车驾依故事临华林园听讼。诏曰：「政刑多所未悉，可如先者，二公推讯。」

帝以王昙首、王华为侍中，昙首领右卫将军。华领骁骑将军，朱容子为右军将军。

甲辰，追尊帝母胡婕妤曰章皇后。封皇弟义恭为江夏王，义宣为竟陵王，义季为衡阳王；仍以义宣为左将军，镇石头。

徐羡之等欲即以到彦之为雍州，帝不许；征彦之为中领军，委以戎政。彦之自襄阳南下，谢晦已至镇，虑彦之不过己。彦之至杨口，步往江陵，深布诚款，晦亦厚自结纳；彦之留马及利剑、名刀以与晦，晦由此大安。

柔然纥升盖可汗闻魏太宗殂，将六万骑入云中，杀掠吏民，攻拔盛乐宫。魏世祖自将轻骑讨之，三日二夜至云中。纥升盖引骑围魏主五十馀重，骑逼马首，相次如堵。将士大惧，魏主颜色自若，众情乃安。纥升盖以弟子於陟斤为大将，魏人射杀之；纥升盖惧，遁去。尚书令刘絜言于魏主曰：「大檀自恃其众，必将复来，请俟收田毕，大发兵为二道，东西并进以讨之。」魏主然之。

九月，丙子，立妃袁氏为皇后；耽之曾孙也。

冬，十月，吐谷浑威王阿柴卒。阿柴有子二十人，疾病，召诸子弟谓之曰：「先公车骑，以大业之故，舍其子拾虔而授孤；孤敢私于纬代而忘先君之志乎！我死，汝曹当奉慕璝为主。」纬代者，阿柴之长子；慕璝者，阿柴之母弟、叔父乌纥提之子也。阿柴又命诸子各献一箭，取一箭授其弟慕利延使折之，慕利延折之；又取十九箭使折之，慕利延不能折。阿柴乃谕之曰：「汝曹知之乎？孤则易折，众则难摧。汝曹当戮力一心，然后可以保国宁家。」言终而卒。

慕璝亦有才略，抚秦、凉失业之民及氐、羌杂种至五六百落，部众转盛。

十二月，魏主命安集将军长孙翰、安北将军尉眷北击柔然，魏主自将屯柞山。柔然北遁，诸军追之，大获而还。翰，肥之子也。

诏拜营阳王母张氏为营阳太妃。

林邑王范阳迈寇日南、九德诸郡。

宕昌王梁弥怱遣子弥黄入见于魏。宕昌，羌之别种也。羌地东接中国，西通西域，长数千里，各有酋帅，部落分地，不相统摄；而宕昌最强，有民二万馀落，诸种畏之。

夏主将废太子璝而立少子酒泉公伦。璝闻之，将兵七万北伐伦。伦将骑三万拒之，战于高平，伦败死。伦兄太原公昌将骑一万袭璝，杀之，并其众八万五千，归于统万。夏主大悦，立昌为太子。夏主好自矜大，名其四门：东曰招魏，南曰朝宋，西曰服凉，北曰平朔。

二年（乙丑，公元四二五年）

春，正月，徐羡之、傅亮上表归政，表三上，帝乃许之。丙寅，始亲万机。羡之仍逊位还第，徐佩之、程道惠及吴兴太守王韶之等并谓非宜，敦劝甚苦，乃复奉诏视事。

辛未，帝祀南郊，大赦。

己卯，魏主还平城。

二月，燕有女子化为男。燕主以问群臣，尚书左丞傅权对曰：『西汉之末，雌鸡化为雄，犹有王莽之祸。况今女化为男，臣将为君之兆也。』

三月，丙寅，魏主尊保母窦氏为保太后。密后之殂也，世祖尚幼，太宗以窦氏慈良，有操行，使保养之。窦氏抚视有恩，训导有礼，世祖德之，故加以尊号，奉养不异所生。

丁巳，魏以长孙嵩为太尉，长孙翰为司徒，奚斤为司空。

夏，四月，秦王炽磐遣平远将军叱卢犍等，袭河西镇南将军沮渠白蹄于临松，擒之，徙其民五千馀户于枹罕。

魏主遣龙骧将军步堆等来聘，始复通好。

六月，武都惠文王杨盛卒。初，盛闻晋亡，不改义熙年号，谓世子玄曰：『吾老矣，当终为晋臣，汝善事宋帝。』及盛卒，玄自称都督陇右诸军事、征西大将军、开府仪同三司、秦州刺史、武都王，遣使来告丧，始用元嘉年号。

秋，七月，秦王炽磐遣镇南将军吉毗等南击黑水羌酋丘担，大破之。

八月，夏武烈帝殂，葬嘉平陵，庙号世祖；太子昌即皇帝位。大赦，改元承光。

王弘自以始不预定策，不受司空；表让弥年，乃许之。乙酉，以弘为车骑大将军、开府仪同三司。

冬，十月，丘担以其众降秦，秦以担为归善将军；拜折冲将军乞伏信帝为平羌校尉以镇之。

癸卯，魏主大举伐柔然，五道并进。长孙翰等从东道出黑漠，廷尉卿长孙道生等出白、黑二漠之间，魏主从中道，东平公娥清出栗园，奚斤等从西道，出尔寒山。诸军至漠南，舍辎重，轻骑，赍十五日粮，度漠击之。柔然部落大惊，绝迹北走。

十一月，以武都世子玄为北秦州刺史、武都王。

初，会稽孔宁子为帝镇西咨议参军，及即位，以宁子为步兵校尉；与侍中王华并有富贵之愿，疾徐羡之、傅亮专权，日夜构之于帝。会谢晦二女当适彭城王义康、新野侯义宾，遣其妻曹氏及长子世休送女至建康。帝欲诛羡之、亮，并发兵讨晦，声言当伐魏，取河南，又言拜京陵，治行装舰。亮与晦书曰：『薄伐河朔，事犹未已，朝野之

虑，忧惧者多。」又言：『朝士多谏北征，上当遣外监万幼宗往相咨访。」时朝廷处分异常，其谋颇泄。

三年（丙寅，公元四二六年）

春，正月，谢晦弟黄门侍郎皭驰使告晦，晦犹谓不然，以傅亮书示咨议参军何承天曰：『计幼宗一二日必至。傅公虑我好事，故先遣此书。」承天曰：『外间所闻，咸谓西讨已定，幼宗岂有上理！」晦尚谓虚妄，使承天豫立答诏启草，言伐虏宜须明年。江夏内史程道惠得寻阳人书，言『朝廷将有大处分，其事已审。」使其辅国府中兵参军乐冏封以示晦。晦问承天曰：『若果尔，卿令我云何？」对曰：『蒙将军殊顾，常思报德。事变至矣，何敢隐情！然明日戒严，动用军法，区区所怀，惧不得尽。」晦惧曰：『卿岂欲我自裁邪？」承天曰：『尚未至此。以王者之重，举天下以攻一州，大小既殊，逆顺又异。境外求全，上计也。其次，以腹心将兵屯义阳，将军自帅大众战于夏口；若败，即趋义阳以出北境，其次也。」晦良久曰：『荆州用武之地，兵粮易给，聊且决战，走复何晚！」乃使承天造立表檄，又与卫军咨议参军琅邪颜邵谋举兵，邵饮药而死。

晦立幡戒严，谓司马庾登之曰：『今当自下，欲屈卿以三千人守城，备御刘粹。」登

之曰：『下官亲老在都，又素无部众，情计二三，不敢受此旨。」晦仍问诸将佐：『战士三千足守城否？」南蛮司马周超对曰：『非徒守城而已，若有外寇，可以立功。」登之因曰：『超必能辨，下官请解司马、南郡以授之。」晦即于坐命超为司马，领南义阳太守；转登之为长史，南郡如故。登之，蕴之孙也。

帝以王弘、檀道济始不预废弑之谋，弘弟昙首又为帝所亲委，事将发，密使报弘，且召道济，欲使讨晦。王华等皆以为不可，帝曰：『道济止于胁从，本非创谋。杀害之事，又所不关。吾抚而使之，必将无虑。」乙丑，道济至建康。

丙寅，下诏暴羡之、亮、晦杀营阳、庐陵王之罪，命有司诛之，且曰：『晦据有上流，或不即罪，朕当亲帅六师为其过防。可遣中领军到彦之即日电发，征北将军檀道济骆驿继路，符卫军府州，以时收翦，已命雍州刺史刘粹等断其走伏。罪止元凶，馀无所问。」

是日，诏召羡之、亮。羡之行至西明门外，谢皭正直，遣报亮云：『殿内有异处分。」亮辞以嫂病暂还，遣使报羡之，羡之还西州，乘内人问讯车出郭，步走至新林，入陶灶中自经死。亮乘车出郭门，乘马奔兄迪墓，屯骑校尉郭泓收之。至广莫门，上遣中书舍人以诏书示亮，并谓曰：『以公江陵之诚，当使诸子无恙。」亮读诏书讫，曰：『亮受先帝布衣之眷，遂蒙顾托。黜昏立明，社稷之计也。欲加之罪，其无辞乎！」于

是诛亮而徙其妻子于建安；诛羡之二子，而宥其兄子佩之。又诛晦子世休，收系谢皭。

帝将讨谢晦，问策于檀道济，对曰：『臣昔与晦同从北征，入关十策，晦有其九，才略明练，殆为少敌。然未尝孤军决胜，戎事恐非其长。臣悉晦智，晦悉臣勇。今奉王命以讨之，可未陈而擒也。』丁卯，征王弘为侍中、司徒、录尚书事、扬州刺史，以彭城王义康为都督荆、湘等八州诸军事、荆州刺史。

乐冏复遣使告谢晦以徐、傅及皭等已诛。晦先举羡之、亮哀，次发子弟凶问，既而自出射堂勒兵。晦从高祖征讨，指麾处分，莫不曲尽其宜，数日间，四远投集，得精兵三万人。乃奉表称羡之、亮等忠贞，横被冤酷。且言：『臣等若志欲执权，不专为国，初废营阳，陛下在远，武皇之子尚有童幼，拥以号令，谁敢非之！岂得溯流三千里，虚馆七旬，仰望鸾旗者哉！故庐陵王，于营阳之世积怨犯上，自贻非命。不有所废，将何以兴！耿弇不以贼遗君、父，臣亦何负于宋室邪！此皆王弘、王昙首、王华险躁猜忌，谗构成祸。今当举兵以除君侧之恶。』

秦王炽磐复遣使如魏，请用师于夏。

初，袁皇后生皇子劭，后自详视，使驰白帝曰：『此儿形貌异常，必破国亡家，不可举。』即欲杀之。帝狼狈至后殿户外，手拨幔禁之，乃止。以尚在谅暗，故秘之。闰

月，丙戌，始言劭生。

帝下诏戒严，大赦，诸军相次进路以讨谢晦。晦以弟遯为竟陵内史，将万人总留任，帅众二万发江陵，列舟舰自江津至于破冢，旌旗蔽日，叹曰：『恨不得以此为勤王之师！』

晦欲遣兵袭湘州刺史张邵，何承天以邵兄益州刺史茂度与晦善，曰：『邵意趣未可知，不宜遽击之。』晦以书招邵，邵不从。

二月，戊午，以金紫光禄大夫王敬弘为尚书左仆射，建安太守郑鲜之为右仆射。敬弘，廙之曾孙也。

庚申，上发建康。命王弘与彭城王义康居守，入居中书下省；侍中殷景仁参掌留任；帝姊会稽长公主留止台内，总摄六宫。

谢晦自江陵东下，何承天留府不从。晦至江口，到彦之已至彭城洲。庾登之据巴陵，畏懦不敢进；会霖雨连日，参军刘和之曰：『彼此共有雨耳；檀征北寻至，东军方强，惟宜速战。』登之恇怯，使小将陈祐作大囊，贮茅悬于帆樯，云可以焚舰，用火宜须晴，以缓战期。晦然之，停军十五日。乃使中兵参军孔延秀攻将军萧欣于彭城洲，破之。又攻洲口栅，陷之。诸将咸欲退还夏口，到彦之不可，乃保隐圻。晦又上表自讼，

且自矜其捷，曰：『陛下若枭四凶于庙庭，悬三监于降阙，臣便勒众旋旗，还保所任。』

初，晦与徐羡之、傅亮为自全之计，以为晦据上流，而檀道济镇广陵，各有强兵，足以制朝廷；羡之、亮居中秉权，可得持久。及闻道济帅众来上，惶惧无计。

道济既至，与到彦之军合，牵舰缘岸。晦始见舰数不多，轻之，不即出战。至晚，因风帆上，前后连咽；西人离沮，无复斗心。戊辰，台军至忌置洲尾，列舰过江，晦军一时皆溃。晦夜出，投巴陵，得小船还江陵。

先是，帝遣雍州刺史刘粹自陆道帅步骑袭江陵，至沙桥；周超帅万馀人逆战，大破之，士众伤死者过半。俄而晦败问至。初，晦与粹善，以粹子旷之为参军；帝疑之，王弘曰：『粹无私，必无忧也。』及受命南讨，一无所顾，帝以此嘉之。晦亦不杀旷之，遣还粹所。

丙子，帝自芜湖东还。

晦至江陵，无他处分，唯愧谢周超而已。其夜，超舍军单舸诣到彦之降。晦众散略尽，乃携其弟遁等七骑北走。遁肥壮，不能乘马，晦每待之，行不得速。己卯，至安陆延头，为戍主光顺之所执，槛送建康。

到彦之至马头，何承天自归。彦之因监荆州府事，以周超为参军；刘粹以沙桥之败告，乃执之。于是诛晦、皭、遁及其兄弟之子，并同党孔延秀、周超等。晦女彭城王妃被发徒跣，与晦诀曰：『大丈夫当横尸战场，奈何狼藉都市！』庾登之以无任，免官禁锢；何承天及南蛮行参军新兴王玄谟等皆见原。晦之走也，左右皆弃之，唯延陵盖追随不舍，帝以盖为镇军功曹督护。

晦之起兵，引魏南蛮校尉王慧龙为援。慧龙帅众一万拔思陵戍，进围项城。闻晦败，乃退。

益州刺史张茂度受诏袭江陵；晦败，茂度军始至白帝。议者疑茂度有贰心，帝以茂度弟邵有诚节，赦不问，代还。

三月，辛巳，帝还建康，征谢灵运为秘书监，颜延之为中书侍郎，赏遇甚厚。

帝以慧琳道人善谈论，因与议朝廷大事，遂参权要，宾客辐凑，门车常有数十两，四方赠赂相系，方筵七八，座上恒满。琳著高屐，披貂裘，置通呈、书佐。会稽孔觊尝诣之，遇宾客填咽，暄凉而已。觊慨然曰：『遂有黑衣宰相，可谓冠屦失所矣！』

夏，五月，乙未，以檀道济为征南大将军、开府仪同三司、江州刺史，到彦之为南豫州刺史。遣散骑常侍袁渝等十六人分行诸州郡县，观察吏政，访求民隐；又使郡县各言损益。丙午，上临延贤堂听讼，自是每岁三讯。

左仆射王敬弘，性恬淡，有重名；关署文案，初不省读。尝预听讼，上问以疑狱，敬弘不对。上变色，问左右：“何故不以讯牒副仆射？”敬弘曰：“臣乃得讯牒读之，正自不解。”上甚不悦，虽加礼敬，不复以时务及之。

六月，以右卫将军王华为中护军，侍中如故。华以王弘辅政，王昙首为上所亲任，与己相埒，自谓力用不尽，每叹息曰：“宰相顿有数人，天下何由得治！”是时，宰相无常官，唯人主所与议论政事、委以机密者，皆宰相也，故华有是言。亦有任侍中而不为宰相者；然尚书令、仆，中书监、令，侍中，侍郎，给事中，皆当时要官也。

华与刘湛、王昙首、殷景仁俱为侍中，风力局干，冠冕一时。上尝与四人于合殿宴饮，甚悦。既罢出，上目送良久，叹曰：“此四贤，一时之秀，同管喉唇，恐后世难继也！”

黄门侍郎谢弘微与华等皆上所重，当时号曰五臣。弘微，琰之从孙也。精神端审，时然后言，婢仆之前不妄语笑，由是尊卑大小，敬之若神。从叔混特重之，常曰：“微子异不伤物，同不害正，吾无间然。”

上欲封王昙首、王华等，拊御床曰：“此坐非卿兄弟，无复今日。”因出封诏以示之。昙首固辞曰：“近日之事，赖陛下英明，罪人斯得。臣等岂可因国之灾以为身幸！”上乃止。

魏主诏问公卿：“今当用兵，赫连、蠕蠕，二国何先？”长孙嵩、长孙翰、奚斤皆曰：“赫连土著，未能为患。不如先伐蠕蠕，若追而及之，可以大获；不及，则猎于阴山，取其禽兽皮角以充军实。”太常崔浩曰：“蠕蠕鸟集兽逃，举大众追之则不能及，轻兵追之又不足以制敌。赫连氏土地不过千里，政刑残虐，人神所弃，宜先伐之。”尚书刘絜、武京侯安原请先伐燕。于是魏主自云中西巡至五原，因畋于阴山，东至和兜山。秋，八月，还平城。

诏殿中将军吉恒聘于魏。燕太子永卒，立次子翼为太子。

秦王炽磐伐河西，至廉川，遣太子暮末等步骑三万攻西安，不克，又攻番禾。河西王蒙逊发兵御之，用遣使说夏主，使乘虚袭枹罕。夏主遣征南大将军呼卢古将骑二万攻苑川，车骑大将军韦伐将骑三万攻南安。炽磐闻之，引归。九月，徙其境内老弱、畜产于浇河及莫河仍寒川，留左丞相昙达守枹罕。韦伐攻拔南安，获秦秦州刺史翟爽、南安太守李亮。

吐谷浑握逵等帅部众二万落叛秦，奔昂川，附于吐谷浑王慕璝。

大旱，蝗。

左光禄大夫范泰上表曰：『妇人有三从之义，无自专之道。谢晦妇女犹在尚方，唯陛下留意。』有诏原之。

魏主闻夏世祖殂，诸子相图，国人不安，欲伐之。长孙嵩等皆曰：『彼若城守，以逸待劳，大檀闻之，乘虚入寇，此危道也。』崔浩曰：『往年以来，荧惑再守羽林、钩己而行，其占秦亡。今年五星并出东方，利以西伐。天人相应，不可失也。』嵩固争之，帝大怒，责嵩在官贪污，命武士顿辱之。于是遣司空奚斤帅四万五千人袭蒲阪，宋兵将军周几帅万人袭陕城，以河东太守薛谨为乡导。谨，辩之子也。

魏主欲以中书博士平棘李顺总前驱之兵，访于崔浩，浩曰：『顺诚有筹略，然臣与之婚姻，深知其为人果于去就，不可专委。』帝乃止。浩与顺由是有隙。

冬，十月，丁巳，魏主发平城。

秦左丞相昙达与夏呼卢古战于嵻崀山，昙达兵败。十一月，呼卢古、韦伐进攻枹罕。秦王炽磐迁保定连。呼卢古入南城，镇京将军赵寿生率死士三百人力战，却之。呼卢古、韦伐又攻沙州刺史出连虔于湟河，虔遣后将军乞伏万年击败之。又攻西平，执安西将军库洛干，坑战士五千馀人，掠民二万馀户而去。

仇池氏杨兴平求内附。梁、南秦二州刺史吉翰遣始平太守庞咨据武兴。氐王杨玄遣其弟难当将兵拒咨，咨击走之。

魏主行至君子津，会天暴寒，冰合，戊寅，帅轻骑二万济河袭统万。壬午，冬至，夏主方燕群臣，魏师奄至，上下惊扰。魏主军于黑水，去城三十馀里。夏主出战而败，退走入城。门未及闭，内三郎豆代田帅众乘胜入西宫，焚其西门。宫门闭，代田逾宫垣而出。魏主拜代田勇武将军。魏军夜宿城北，癸未，分兵四掠，杀获数万，得牛马十馀万。魏主谓诸将曰：『统万未可得也，他年当与卿等取之。』乃徙其民万馀家而还。

夏弘农太守曹达闻周几将至，不战而走。魏师乘胜长驱，遂入三辅。会几卒于军中，蒲阪守将东平公乙斗闻奚斤将至，遣使诣统万告急。使者至统万，魏军已围其城；还，告乙斗曰：『统万已败矣。』乙斗惧，弃城西奔长安，斤遂克蒲阪。夏主之弟助兴先守长安，乙斗至，与助兴弃长安，西奔安定。十二月，斤入长安，秦、雍氐羌皆诣斤降。河西王蒙逊及氐王杨玄闻之，皆遣使附魏。

营阳太妃张氏卒。

前吴郡太守徐佩之聚党百馀人，谋以明年正会于殿中作乱，事觉，壬戌，收斩之。

秦征南将军吉毗镇南漒，陇西人辛澹帅户三千据城逐毗，毗走还枹罕，澹南奔仇

池。

魏初得中原，民多逃隐。天兴中，诏采诸漏户，令输缯帛；于是自占为紬茧罗縠户者甚众，不隶郡县，赋役不均。是岁，始诏一切罢之，以属郡县。

四年（丁卯，公元四二七年）

春，正月，辛巳，帝祀南郊。

乙酉，魏主还平城。统万徙民在道多死，能至平城者什才六七。

己亥，魏主如幽州。夏主遣平原公定帅众二万向长安。魏主闻之，伐木阴山，大造攻具，再谋伐夏。

山羌叛秦。二月，秦王炽磐遣左丞相昙达招慰武始诸羌，征南将军吉毗招慰洮阳诸羌。羌人执昙达送夏；吉毗为羌所击，奔还，士马死伤者什八九。

魏主还平城。

乙卯，帝如丹徒，己巳，谒京陵。初，高祖既贵，命藏微时耕具以示子孙。帝至故宫见之，有惭色。近侍或进曰：「大舜躬耕历山，伯禹亲事水土。陛下不睹遗物，安知先帝之至德，稼穑之艰难乎！」

三月，丙子，魏主遣高凉王礼镇长安。礼，斤之孙也。又诏执金吾桓贷造桥于君子津。

丁丑，魏广平王连卒。

丁亥，帝还建康。

戊子，尚书右仆射郑鲜之卒。秦王炽磐以辅国将军段晖为凉州刺史，镇乐都；平西将军麹景为沙州刺史，镇西平；宁朔将军出连辅政为梁州刺史，镇赤水。

夏，四月，丁未，魏员外散骑常侍步堆等来聘。

庚戌，以廷尉王徽之为交州刺史，征前刺史杜弘文。弘文有疾，自舆就路；或劝之待病愈，弘文曰：「吾杖节三世，常欲投躯帝庭，况被征乎！」遂行，卒于广州。弘文，慧度之子也。

魏奚斤与夏平原公定相持于长安。魏主欲乘虚伐统万，简兵练士，部分诸将，命司徒长孙翰等将三万骑为前驱，常山王素等将步兵三万为后继，南阳王伏真等将步兵三万部送攻具，将军贺多罗将精骑三千为前候。素，遵之子也。五月，魏主发平城，命龙骧将军代人陆俟督诸军镇大碛以备柔然。辛巳，济君子津。

壬午，中护军王华卒。

魏主至拔邻山，筑城，舍辎重，以轻骑三万倍道先行。群臣咸谏曰：「统万城坚，

非朝夕可拔。今轻车讨之，进不可克，退无所资，不若与步兵、攻具一时俱往。』帝曰：『用兵之术，攻城最下。必不得已，然后用之。今以步兵、攻具皆进，彼必惧而坚守。若攻不时拔，食尽兵疲，外无所掠，进退无地。不如以轻骑直抵其城，彼见步兵未至，意必宽弛；吾羸形以诱之，彼或出战，则成擒矣。所以然者，吾之军士去家二千馀里，又隔大河，所谓「置之死地而后生」者也。故以之攻城则不足，决战则有馀矣。』遂行。

六月，癸卯朔，日有食之。

魏主至统万，分军伏于深谷，以少众至城下。夏将狄子玉降魏，言：『夏主闻有魏师，遣使召平原公定，定曰：「统万坚峻，未易攻拔。待我擒奚斤，然后徐往。内外击之，蔑不济矣。」故夏主坚守以待之。』魏主患之。乃退军以示弱，遣娥清及永昌王健帅骑五千西掠居民。

魏军士有得罪亡奔夏者，言魏军粮尽，士卒食菜，辎重在后，步兵未至，宜急击之。夏主从之。甲辰，将步骑三万出城。长孙翰等皆言：『夏兵步陈难陷，宜避其锋。』魏主曰：『吾远来求贼，惟恐不出。今既出矣，乃避而不击，彼奋我弱，非计也。』遂收众伪遁，引而疲之。

夏兵为两翼，鼓噪追之，行五六里，会有风雨从东南来，扬沙晦冥。宦者赵倪，颇晓方术，言于魏主曰：『今风雨从贼上来，我向之，彼背之，天不助人；且将士饥渴，愿陛下摄骑避之，更待后日。』崔浩叱之曰：『是何言也！吾千里制胜，一日之中，岂得变易！贼贪进不止，后军已绝，宜隐军分出，掩击不意。风道在人，岂有常也！』魏主曰：『善！』乃分骑为左右队以掎之。魏主马蹶而坠，几为夏兵所获；拓跋齐以身捍蔽，决死力战，夏兵乃退。魏主腾马得上，刺夏尚书斛黎文，杀之，又杀骑兵十馀人，身中流矢，奋击不辍，夏众大溃。齐，翳槐子玄孙也。

魏人乘胜逐夏主至城北，杀夏主之弟河南公满及兄子蒙逊，死者万馀人。夏主不及入城，遂奔上邽。魏主微服逐奔者，入其城；拓跋齐固谏，不听。夏人觉之，诸门悉闭；魏主因与齐等入其宫中，得妇人裙，系之槊上，魏主乘之而上，仅乃得免。会日暮，夏尚书仆射问至奉夏主之母出走，长孙翰将八千骑追夏主至高平，不及而还。

乙巳，魏主入城，获夏王、公、卿、将、校及诸母、后妃、姊妹、宫人以万数，马三十馀万匹，牛羊数千万头，府库珍宝、车旗、器物不可胜计，颁赐将士有差。

初，夏世祖性豪侈，筑统万城，高十仞，基厚三十步，上广十步，宫墙高五仞，其坚可以厉刀斧。台榭壮大，皆雕镂图画，被以绮绣，穷极文采。魏主顾谓左右曰：『蕞

尔国而用民如此，欲不亡，得乎！」

得夏太史令张渊、徐辩，复以为太史令。得故晋将毛修之、秦将军库洛干，归库洛干于秦，以毛修之善烹调，用为太官令。魏主见夏著作郎天水赵逸所为文，誉夏主太过，怒曰：「此竖无道，何敢如是！谁所为邪？当速推之！」崔浩曰：「文士褒贬，多过其实，盖非得已，不足罪也。」乃止。魏主纳夏世祖三女为贵人。

奚斤与夏平原公定犹相拒于长安。魏主命宗正娥清、太仆丘堆帅骑五千略地关右。定闻统万已破，遂奔上邽；斤追至雍，不及而还。清、堆攻夏贰城，拔之。

魏主诏斤等班师。斤上疏言：「赫连昌亡保上邽，鸠合馀烬，未有蟠据之资；今因其危，灭之为易。请益铠马，平昌而还。」魏主不许。斤固请，乃许之，给斤兵万人，遣将军刘拔送马三千匹，并留娥清、丘堆使共击夏。

辛酉，魏主自统万东还，以常山王素为征南大将军、假节，与执金吾桓贷、莫云留镇统万。云，题之弟也。

秦王炽磐还枹罕。

秋，七月，己卯，魏主至柞岭。柔然寇云中，闻魏已克统万，乃遁去。

秦王炽磐谓群臣曰：「孤知赫连氏必无成，冒险归魏，今果如孤言。」八月，遣其叔父平远将军渥头等入贡于魏。

壬子，魏主还至平城，以所获颁赐留台百官有差。

魏主为人，壮健鸷勇，临城对阵，亲犯矢石，左右死伤相继，神色自若；由是将士畏服，咸尽死力。性俭率，服御饮膳，取给而已。群臣请增峻京城及修宫室曰：「《易》云：「王公设险，以守其国。」又萧何云：「天子以四海为家，不壮不丽，无以重威。」」帝曰：「古人有言：「在德不在险。」屈丐蒸土筑城而朕灭之，岂在城也？今天下未平，方须民力，土功之事，朕所未为。萧何之对，非雅言也。」每以为财者军国之本，不可轻费。至于赏赐，皆死事勋绩之家，亲戚贵宠未尝横有所及。命将出师，指授节度，违之者多致负败。明于知人，或拔士于卒伍之中，唯其才用所长，不论本末。听察精敏，下无遁情，赏不违贱，罚不避贵，虽所甚爱之人，终无宽假。常曰：「法者，朕与天下共之，何敢轻也。」然性残忍，果于杀戮，往往已杀而复悔之。

九月，丁酉，安定民举城降魏。

氐王杨玄遣将军苻白作围秦梁州刺史出连辅政于赤水。城中粮尽，民执辅政以降。辅政至骆谷，逃还。冬，十月，秦以骁骑将军吴汉为平南将军、梁州刺史，镇南漒。

十一月，魏主遣司马公孙轨兼大鸿胪，持节策拜杨玄为都督荆、梁等四州诸军事、梁州刺史、南秦王。及境，玄不出迎；轨责让之，欲奉策以还，玄惧而郊迎。魏主善之，以轨为尚书。轨，表之子也。

十二月，秦梁州刺史吴汉为群羌所攻，帅户二千还于枹罕。

魏主行如中山。癸卯，还平城。